꽃비 내리고

꽃비 내리고

반영규 엮음

꾸벅

기념사

부처님의 노래이고 말씀입니다.

음악이란 소리를 소재로 하여 인간의 사상과 감정을 표현하는 재료이고, 음을 바탕으로 하기 때문에 회화나 조각이 공간적인 예술인데 반하여 음악은 시간적 예술이라 말한다고 합니다. 여기, 우리 불교 음악의 역사를 만들고 이끌어 오신 시간적 예술의 선구자가 있어 그의 노력에 박수를 보내고, 그의 찬불가 사랑을 노래해 볼까 합니다.

불교 음악의 역사를 보면 다른 분야의 역사와는 달리 조금은 간단하다는 생각이 듭니다. 역사를 보면 알 수 있듯이 불교 음악은 원력을 가진 몇몇 스님과 재가불자들의 원력으로 어려운 환경 속에서도 묵묵히 진행되었다는 것입니다. 그 한가운데 반영규 선생님이 계셨습니다.

찬불가의 개화기였던 1970년대 반영규 선생님은 기존의 불교음악의 변화와 발전을 위해서 걸출한 음악인들을 영입하여 다양한 찬불가를 만드셨고, 운문스님을 비롯한 몇몇 불교음악인과 가세하여 더욱 활발한 활동을 진행해 오셨습니다. 당시 이들의 움직임에 힘을 실어 주는 이는 많지 않았습니다. 법당에서 피아노 소리가 울려 퍼지는 것이 어울리지 않는다 하여 배척하는 이들도 있었습니다. 하지만 불음 홍포를 위해 반영규 선생님은 보이지 않는 곳에서도 찬불가 홍포에 힘을 실어 주셨고, 문서를 통한 찬불가를 만드는데 앞장서 오셨습니다. 그런 선생님께서 그 동안 좋은 벗 풍경소리에도 많은 힘을 실어 주셨습니다. 매월 발행되는 풍경소리 소식지 4페이지를 보면 반영규 선생님의 불음 노트를 볼 수 있었습니다. 쇠귀골에서 보내 온 선생님의 글은 곧 법문과도 같은 글들이었습니다. 찬불가 운동을 함께 하고 있는 여러 도반들의 의견을 모아 선생님의 글을 한 데 묶어 보기로 하였습니다.

선생님의 노래는 부처님의 노래이고, 선생님의 노래는 부처님의 말씀입니다.오직 불교 음악 발전을 위해 한평생 살아오신 반영규 선생님이야말로 부처님의 바른 제자이고 또 다른 모습의 수행자이시기에 좋은 벗 풍경소리는 한 권의 책을 엮어 그의 노고에 감사를 표하고자 합니다.

반영규 선생님의 찬불가 글 속에는 불교 공부를 대신해 줄 수 있는 지혜도 있고, 마음공부를 대신 할 수 있는 가르침도 있으며, 부처님께 더 쉽게 다가 갈 수 있는 흥겨움도 있습니다. 찬불가가 온 세상에 울려 퍼지고 정기적으로 찬불가 연주회가 열리는 것을 보는 것이 이생에 남은 소원이라 말씀하시는 반영규 선생님.

쇠귀골에서 전해지는 선생님의 편지를 오래오래 함께 할 수 있었으면 하는 바람입니다.

건강하십시오.

불기 2552(2008)년 9월

좋은 벗 풍경소리 총재 지현 합장

발간사

요익중생의 길

귀의삼보하옵고,

세상 사람들이 추구하는 최선의 목표는 과연 무엇일까요?
재산, 명예, 아니 행복일 것입니다. 어떻게 해야 행복을 나의 것으로 만들 수 있을까요?
자기 자신을 아주 잊어버리고 오직 일체중생을 위하여서만 삽니다. 그렇습니다. 행복도 자기가 짓는 것이요 불행도 자기가 짓는 것입니다. 그러므로 행복도 불행도 어떻게 추구하느냐에 따라 달라질 것입니다.

부처님께서는 요익중생하라 하셨습니다. 80평생을 중생들의 안락과 행복을 위해 길을 걸으셨습니다. 그렇듯이 어린이를 위해 부처님의 가르침을 법계에 두루 밝히시기 위해 태어나신분이 아닌가하는 의아심도 가지게 하는 분이 계시는데 바로 반영규선생님이십니다. 불철주야 좋은 벗 풍경소리의 노랫말을 아름답고 감명 깊게 시사해주신 선생님이야말로 백의관음보살이 아닌가싶습니다.
항상 노래를 발표하거나 자리를 하면 온화한 미소와 밝은 눈은 모두를 숙연하게 합니다. 반영규 선생님이야말로 부처님의 제자인 것입니다. 주옥같은 글귀는 모두에게 행복이 무엇인가를 알게 하기 때문입니다.

광대무변한 법성의 지혜와 보현보살의 자비 행으로써 무진법계의 무량중생을 위하여 80 평생을 화하 중생해 주셨기에 우리 모두가 깊이 고개 숙여지며 예를 올립니다.

이렇듯 따르는 제자들이 법좌를 만들어 모신 것을 저 또한 영광으로 생각하며 과거에도 현재에도 미래에도 그 인연의 끈을 놓지 마시고 많은 이들에게 자애로움으로써 함께 해 주시기를 다시 한 번 청합니다.
온 세상이 부처님의 말씀대로 깨끗하고 맑은 세상이 될 때까지 선생님의 법은 진리가 변하지 않는 한 영원토록 우리들의 가슴에 깊이 남아 모두가 성불하는 그날까지 함께 할 것입니다.

끝으로 반영규 선생님의 출판집에 협조해 주신 포교원장큰스님과 포교원 관계자와 함께 해 주신 좋은 벗 풍경소리 가족과 음으로 양으로 도와주신 모든 분들에게 다시 한 번 깊은 감사를 드립니다.

불기2552(2008)년 9월
좋은 벗 풍경소리 회장 성행 합장

축사

《꽃비 내리고》 출간을 축하합니다

세상의 모든 것이 그러하듯이, 사람은 태어나서 나이를 먹고 늙어가게 됩니다. 제 아무리 뛰어난 재주를 가졌거나 큰 권력을 가진 사람, 심지어 궁극의 진리를 깨달아 윤회의 고리에서 해탈하신 석가모니 부처님께서도 여기에서 벗어날 수는 없습니다.

대부분의 사람들은 육체적인 나이뿐만 아니라 정신적으로도 함께 늙어가게 됩니다. 아마 그렇게 되는 것이 상식일지 모릅니다. 그런데 이런 상식을 깨주는 분이 있어서 우리를 놀라게 합니다. 육체의 나이 80을 넘긴 반영규선생은 20~30대의 청년뿐 아니라 10살도 안된 어린이나 10대 청소년들과도 편하게 어울리며 좋은 친구가 되어주는 '젊은이' 입니다.

어린이~청년들과 다양한 주제를 놓고 여러 시간 동안 진지한 대화를 나누기도 하고, 그들과 어울려 신나는 자리를 갖기도 합니다. 때로 불교 현실과 미래에 대한 고민을 이야기할 때에는 다른 사람이 쉽게 접근하기 어려울 정도로 심각해지기도 하지만, 그 자리는 맑은 얼굴로 늘 불교의 희망을 바라면서 끝을 맺습니다. 이럴 때면 선생은 여지없이 '희망 가득 찬 청년 불자 반영규' 가 됩니다.

중 · 고등학교 시절부터 문학을 사랑하고 연극반 활동을 하며 문화 마인드를 키워왔던 선생은 젊은 시절 '출판을 통한 불법 홍포'에 앞장서기로 결심하고 《월간 불광》과 《월간 대원》 등의 출판을 책임지기도 하였으며, 이제는 우리나라 출판계에 우뚝 선 대원사의 '빛깔 있는 책들'을 기획하였던 보배입니다.
불광법회를 비롯하여 도심 포교의 현장에 직접 참여하여 부처님의 가르침을 공부하고 젊은이들에게 전하는 일에서 한 발자국도 벗어난 적이 없습니다.
문학청년 · 연극배우가 되기를 간절히 바랐던 학생 반영규의 꿈은, 어린이를 위한 찬불가를 중심으로 한 불교 음악 활동에 여생을 바치면서 현실에서 꽃을 피웁니다.
사단법인 불교음악협회를 조직하여 어려움 속에서도 불교 음악의 새 역사를 쓰고, 젊은 음악인들이 좋은 작품을 만들 수 있도록 멋진 시를 지어주었습니다.

반선생의 시는 "10대 어린이나 청소년이 쓴 것이 아닐까?" 싶을 정도로 천진하기 짝이 없습니다. 그러기에 우리는 그를 '80살 청년 반영규'라고 부르는데 주저하지 않습니다.

다람쥐가 엄마 따라 나들이하면
들꽃들이 솔바람에 춤을 추고
산새들은 하늘에서 노래하는데
솔방울은 냇물 타고 어디로 가나
서쪽 하늘 빨갛게 노을이 지고
마을에 저녁 연기 피어오르면
재 넘어 작은 절의 종이 울리고

다람쥐는 엄마 따라 둥지로 가네
–아기 다람쥐

그런가 하면 힘겹게 살아가는 소년 · 소녀 가장들을 보고 안타까워하며 "꿋꿋하게 살아가라!" 는 격려의 말을 멋진 시로 엮어내는 아름다운 청년, "행복!" 을 노래하는 '행복 전문 시인' 이기도 합니다.

민들레 씨앗 하나 외로이
바람 따라 정처 없이 날다가
맨 땅에서 싹트고 꽃이 피네
맨 땅은 거칠고 메마르지만
해가 떠서 따뜻이 감싸주고
비가 내려 마른 땅을 적셔주지

〈중략〉

눈물을 거두고 미소를 짓자
푸른 하늘 두둥실 희망의 구름
하늘이 무너져도 샘이 솟는데
싹트고 꽃 피는 그 날 오겠지
–민들레처럼 / 외롭게 지내는 어린 가장들에게–

영원한 젊은이 반영규선생의 세상 나이 80을 맞이하여, 선생을 따르는 이들이 뜻을 모아 그 동안 찬불가를 만드는 사람들의 모임인 '좋은 벗 풍경소리'의 소식지를 통해 선보여 온 선생의 시와 '한국 찬불가 이야기'를 모아 '반영규선생 80세 헌정' 문집《꽃비 내리고》를 출간하기로 하였다는 소식을 듣고 참으로 반가웠습니다.

책의 출간을 진심으로 축하하며, 이 책이 독자들에게 기쁨이 되고, 불교 음악의 대중화와 불법 홍포를 위해 평생을 바쳐온 도하 반영규 선생의 공로를 갚는 보은의 작은 선물이 되길 바랍니다.

앞으로도 '90살 · 100살 청년 반영규'의 멋진 모습을 보게 되기를 기원합니다.

불기 2552(2008)년 9월
대한불교조계종 포교원장 혜총 합장

“

3년 전 우리 곁을 떠나신
석주 큰스님 영전에
작고 보잘 것 없는
저의 마음을 바칩니다.

”

꽃비 내리고

금수산 정방사

신라 천 년의 숨결 이젠 흐려져
현혜문 있던 자리 어디쯤일까
세월도 유운당도 간 곳이 없네
지금은 물길 트인 금수산 자락
솔 내음은 낯선 듯 향기로운데
손 시리던 맑은 내는 여전하구나

구름이 머물던 선바위 아래
해수관음 청주호 굽어보시고
마애 지장 중생의 찌든 가슴을
자비로 어루만져 달래주시는
솔바람 노닐던 정방사 뜰악
호수의 물안개가 자욱하구나

금수산(錦繡山) 정방사(淨芳寺). 제천에서 정남쪽으로 청풍지구 문화재단지를 지나 20km 쯤에 있는 1,016m의 금수산에 있는 아주 작은 절이다.
신라 문무왕 2(662)년에 의상대사의 상좌인 원정(圓淨)스님이 창건한 절이라고 한다. 깎아지른 듯 솟은 암벽 허리에 매달리듯 서있다. 지금은 터를 넓혀서 마당도 제법 생겼지만.
사시사철 얼마나 아름다웠으면 산 이름을「비단 금」,「수 수」금수산이라 했겠는가. 그토록 높고 깊은 산이라 비길 데 없이 청정하고 방향(芳香)이 그윽해서「정방사」라 했나보다. 지금은 없지만 예전에는 일주문의 현판(懸板)이 현혜문(玄慧門)이었고 하도 높아서 늘 구름이 머물다 가는 유운당(留雲堂)이 있었다고 전한다.

근년에 모신 해수관음이 충주호를 내려다보고 계시고 깎아지른 허리에 띠처럼 난 길을 따라 가면 크지 않은 바위에 마애(磨崖) 지장보살님이 계시다. 육환장(六丸杖)을 집고 지옥중생마저도 구원하겠다는 자비로운 모습으로.
충주호가 생기기 전 그 옛적, 바랑 하나 달랑 메고 신들메를 조여 맨 스님이 절을 찾아 그야말로 깊고 높은 산길을 허위단심 오르던 모습이 눈에 보는듯하다. 그래서 생각나는 대로 한 수 적어두었던 글이다.

가슴에 핀 불꽃

살바람 싸늘한 손 꼬옥 잡고
불빛이 희미한 거리를 걷는다
갈 곳도 몸담을 곳도 없어서
잡은 손이 따스하다 느끼면서

어차피 이룰 수 없는 그리움인 걸
뻔히 알면서도 애가 타는 그리움
어느 날에나 몸 기대고 정을 사룰까
꿈결에나 이룰까 내생에는 이룰까

이른 봄에 피어나는 연두 빛처럼
싱그러운 그대의 눈빛 그리워
우러르는 하늘가에 달무리 지고
촉촉한 밤이슬에 패랭이가 떠는 밤

허공만큼 바다만큼 그리운 그대
밤에도 낮에도 가슴에 핀 불꽃이여

입춘을 앞둔 어느 날 밤. 아직 살바람이 스미는 밤거리를 하염없이 걷는다. 서로 잡은 손의 따스함에 의지하고 이룰 수 없는 인연을 안타까워하며.
세상 사람들의 얼굴이 백이면 백이 다 다르듯이 사랑의 사연도 가지가지. 이룰 수 없다는 것을 알면서도 어쩌다 가슴에 불꽃을 지폈을까. 전생에 그 어떤 인연을 지었기에.
오늘도 그들은 허공만큼 바다만큼 서로 그리워하며 어느 거리를 걷고 있을까. 아직도 가슴의 불꽃은 타고 있을까.
어느 날엔가 그들의 사랑이, 순수한 사랑이 이루어지길 바라며 나직이 읊조려본 사랑 노래.

봄바람 꽃바람

보드라운 봄바람이 산과 들의
연두 빛 새싹을 어루만지면
화사한 봄꽃이 피어나는 봄
우리들 얼굴에도 꽃이 핍니다

– 후렴

봄바람 꽃바람 따스한 바람
우리들 마음에 꽃을 피우죠

산에 들에 봄바람 살랑살랑
진달래가 빨갛게 피어나면
우리들 맘에도 봄이 피고요
부처님이 이 땅에 오신답니다

우리나라는 어디를 가나 아름답다. 중국처럼 기기묘묘한 경치는 없어도, 캐나다나 미국처럼 웅장하고 광대하진 않아도 아기자기하고 둥글둥글하다. 그리고 정겹다. 산자락에 옹기종기 모여 사는 집들 울타리엔 으레 개나리가 있다. 그리고 마을 뒷산에는 어김없이 진달래가 듬성듬성 꽃을 피운다.

남녘에서 봄소식이 올라오면 우선 울타리의 개나리 꽃망울이 먼저 방긋 피어나고 개나리꽃이 지고 잎이 피기 시작하면 뒷산의 진달래꽃이 피기 시작한다. 개나리도 진달래도 화려하거나 탐스러운 꽃은 아니다. 그러나 수줍고도 조신하다. 진달래꽃은 조금은 촌스러운 것 같기도 하고 낯을 가리는 어린이처럼 숫기가 없다. 장미꽃처럼 요염하지도 않고 모란처럼 요란하지도 않다. 그러나 맑고 깔끔하다.

마치 꾸미지 않은 어린 아이들의 미소처럼 순수하고 진솔하다. 그래서 무리지어 피면 아름답다. 화사하다. 올망졸망 어린이들이 어울려 재잘거리는 모습처럼 사랑스럽다. 예전에는 아이들이 뒷산에 오르면 으레 진달래꽃을 따서 먹었다. 지금처럼 군것질 할 것이 별로 없던 그 시절 – 기껏 30여 년 전까지만 해도 그랬다.

진달래꽃이 질 무렵이 되면 절에서는 분위기가 설레기 시작한다. 머지않아 부처님 오신 날이기 때문이다. 연꽃등 살에 종이를 바르고 꽃잎을 붙이고 화사한 연꽃등이 하나 둘 내걸리는 계절. 봄.

봄꽃이 피고 새싹이 돋아나면 곧 부처님 오신 날이다. 우리 어린이들의 미소가 더욱 아름다운 계절이 아닐까.

지척인 듯 먼 님

몇 구비를 돌아서 허위단심 오른 길
안개 핀 사이로 산마루에 오르니
마음은 지척인데 님은 아득히
산새 소리 외로이 메아리지고
길섶에 주저앉아 들꽃 향내 맡으면
멍울진 마음에 안개비가 내리네

저 하늘 구름은 흘러흘러 산을 넘어
멀리 간 고운님을 볼 수 있겠지
마음은 지척인데 님은 아득히
구름에 정을 실어 보내는 마음
곱게 핀 구름 꽃은 눈이 부신데
멍울진 가슴엔 이슬비가 내리네

〈지척(咫尺)이 천리〉라는 말이 있다. 아무리 가까이 살아도 왕래가 없으면 천리 밖에 사는 것과 같다는 말이다. 지척은 아주 가까운 거리를 이르는 말이다. 보고 싶고 만나고 싶은 사람을 보지 못하고 만나지 못하고 마음에 품고 산다는 것은 얼마나 안타깝고 괴로운 일인가.
집 나간 엄마를 그리워하는 아이. 어쩔 수 없이 자식을 시설에 맡겼거나 입양을 보낸 부모. 저승으로 간 남편을, 아내를 그리워하며 사는 사람. 짝사랑하는 여인을, 남자를 그리워하며 눈물로 세월을 보내는 사람. 납북된 가족을 그리워하며 소태 같은 세월을 사는 사람들. 사연도 가지가지다.

6월은 보훈의 달이다. 6 · 25전쟁 때 숱한 젊은이들이 산화(散華)했다. 수많은 가족이 뿔뿔이 흩어져 반세기를 보냈다. 전쟁이 끝난 뒤에는 가난 때문에 이산(離散)의 아픔을 안고 사는 사람들은 또 얼마나 많은가.
마음은 지척인데, 당장 달려가서 부둥켜안고 싶건만 그러질 못하니 어찌 할고 어찌 할고. 아, 그리운 임아.

아기 다람쥐

다람쥐가 엄마 따라 나들이하면
들꽃들이 솔바람에 춤을 추고
산새들은 하늘에서 노래하는데
솔방울은 냇물 타고 어디로 가나

서쪽 하늘 빨갛게 노을이 지고
마을에 저녁 연기 피어오르면
재 넘어 작은 절의 종이 울리고
다람쥐는 엄마 따라 둥지로 가네

한 달에 한 번 불교문화재 답사를 겸해서 사찰순례를 한다. 이번엔 경북 금릉의 청암사와 수도암에 다녀왔다. 수도암에 오르는 길에서 다람쥐를 만났다. 하도 반갑고 신기해서 걸음을 멈추고 다람쥐의 재롱을 지켜보았다. 이제는 웬만한 산에 가도 다람쥐를 보기가 어려워졌다. 전에는 마을 뒷산에만 올라가면 다람쥐며 장끼 까투리를 볼 수 있었는데…….

그만큼 자연이 훼손된 탓이다. 게다가 좀 이름이 난 산에는 등산객의 발길이 끊이질 않는다. 공휴일은 말할 것도 없고 평일에도 적지 않은 사람들이 산을 찾는다. 건강을 위해서 산을 오르는 것이다. 예전 사람들은 물 좋고 산세가 아름다운 풍치를 즐기며 유유자적하기 위해 산을 찾았는데 지금은 풍광을 즐기기보다는 건강을 위해 산을 찾는다.

공해도 없고 성인병도 없던 시절에는 특별히 몸을 단련하지 않아도 평생 병원을 모르고 살았는데 지금은 하도 자연환경이 파괴되고 공해가 심해서 마음먹고 건강관리를 하지 않으면 안 된다. 더구나 살을 빼기 위해서라도 걷기나 유산소운동 아니면 요가라도 해야 한다. 가만히 생각해보면 어이없는 아이러니가 아닐 수 없다.

호랑나비가 날고 풍뎅이가 붕붕거리고 아기 다람쥐와 엄마 다람쥐가 산에서 마음 놓고 살 수 있는 세상을 바라는 것은 어림없는 꿈인가.

아기 다람쥐야, 빨리 엄마한테 가거라. 사람 조심하고 달리는 차 조심하고.

민들레처럼

– 외롭게 지내는 어린 가장들에게

민들레 씨앗 하나 외로이
바람 따라 정처 없이 날다가
맨 땅에서 싹트고 꽃이 피네
맨 땅은 거칠고 메마르지만
해가 떠서 따뜻이 감싸주고
비가 내려 마른 땅을 적셔주지

그래 너도 지금 외롭겠지만
두 발 우뚝 서서 뿌리 뻗어라
거친 땅에 싹트는 민들레처럼
아무리 외롭고 힘이 겨워도
너를 감싸주는 햇살이 있고
빗물처럼 추겨줄 정이 있단다

눈물을 거두고 미소를 짓자
푸른 하늘 두둥실 희망의 구름
하늘이 무너져도 샘이 솟는데
싹트고 꽃 피는 그 날 오겠지

지금 우리는 너무 호강스러운 게 아닌가. 문득 이런 생각을 할 때가 종종 있다. 어느 날 동생의 손을 꼭 잡고 걸어오는, 초등학교 3학년 쯤 된 사내아이를 보았다. 동생은 1학년쯤? 그 동생은 꼽추였다. 원래 왜소한 체구인지 아니면 영양부족인지 둘 다 연약해 보였다. 휑하게 큰 눈, 꼭 담은 입.

다른 아이들 같으면 이리 뛰고 저리 뛰며 재잘거리고 갈 텐데 둘은 서로 손을 꼭 잡고 걷는 모습이 너무 안쓰러워 보였다. 길에서 스쳐가는 그 애들의 속사정을 알 수야 없지만 사정을 듣지 않아도 그들의 어려움을 짐작할 수 있었다. 어리고 연약한 꼽추 동생으로서는 고사리만 한 형의 손이 가장 든든한 의지처라는 것도.

근래 눈물이 많아졌다. 어린 가장의 이야기며 의지가지없는 노인들을 보면 눈물부터 난다. 지하철 계단에 앉아 있는 걸인들을 보면 내색은 할 수 없고 견디기 어려울 정도로 눈물이 난다. 속으로 운다. 그리고 너무 화가 난다. 사회나 나라가 그들을 저렇게 방치한다는 것이 너무 화가 난다.

노조가 데모를 하고 파업을 하는 것을 보면 참으로 신기하다. 예전에는 입에 풀칠하기도 어려운 저임금 과도한 근로시간을 개선해달라고 데모를 하고 파업을 했었다. 그야말로 죽지 않기 위해서. 요즘 데모는 너무 호강스러워 보인다.

이런 저런 사정으로 가장이 된 어린 소년 소녀들아. 얼마 전까지만 해도 거의 모든 사람들이 너희같이 고생을 했었단다. 너무 주눅 들지 말고 힘내라. 그래도 아직은 따뜻한 정이 남아 있단다. 어려운 일이 있으면 선생님한테 얘기해라. 설마 모른 척이야 하겠니. 불자들은 어디에 보시를 하고 있을까.

염주를 돌리면

염주를 돌리면 재미있단다
첫째는 부처님 고맙습니다
둘째는 울 아빠 건강하시고
셋째는 울 엄마 늘 기쁘고
다음은 울 언니 공부 잘하고
그리고 나는 착한 어린이

염주를 돌리면 재미있단다
나쁜 말 거짓말 안 하고요
친구를 도와주고 사이좋게
공부도 잘하고 씩씩하게
마음이 꽃처럼 고운 어린이
염주를 돌리면 착한 어린이

요즘 어린이들은 TV나 게임기에 익숙하고 무슨무슨 랜드니 놀이공원의 갖가지 놀이기구에 익숙해서 웬만한 놀이나 장난감은 재미를 못 느낀다.
다양한 놀이 감이 없던 예전에는 자치기, 제기차기, 고무줄넘기, 비석치기, 숨바꼭질 등이 고작이었다. 그래도 그런 놀이에 홈빡 빠져서 날이 저무는 줄도 모르고 재미있게 놀았다. 추운 겨울에는 손이 트도록 썰매타기, 팽이싸움, 연싸움에 정신이 팔렸었다. 지금 어린이들은 갖가지 인형이며 캐릭터를 즐기지만 예전에는 딱지나 구슬이 어린이들의 가장 소중한 재산이었다.
예전에는 단순하고 소박하고 가난했지만 마음도 몸도 건강했다. 생각하는 것도 건전했다. 그러나 화려하고 풍요롭고 매우 문명적인 요즘의 어린이들은 몸도 마음도 연약한 것 같다. 생각하는 것도 타산적이고 지극히 이기적인 것 같다.
서로 돕고 더불어 살아가는 협동심이 부족하고 어른을 어려워하지 않고 버릇이 없다고들 한다. 이들에게 정서적으로 안정되고 남을 배려할 줄 아는 의연한 마인드를 심어주기란 매우 어려운 일일 게다.
부모들은 물론 학교 선생님이나 어린이 지도자 등 어른들이 뜻을 모아 이들이 건전하고 강하게 자라서 장차 이 나라의 든든한 동량이 되도록 이끌어 주어야 한다. 그럴 책임이 있다. 어린이들아. 부디 곧고 바르고 너그럽게 그리고 튼튼하게 자라라. 부처님이 보살펴 주실 게다. 염주를 돌려라. 열심히.

산사의 가을

절 마당에 탑 그림자 길게 누워
높다란 가을 하늘 우러러 보고
양지쪽 댓돌 위의 하얀 고무신
먼 산의 고운 단풍 바라보는데
새털구름 떼 지어 어디로 가나
꿈에 본 서쪽 나라 찾아 가는가
노란 은행잎이 소리도 없이
조용히 댓돌 위에 내려 앉는다

달빛에 탑이 그림자를 그리고
밀려오는 어둠에 풍경이 운다
석등의 불빛 받은 은행잎들이
금빛으로 빛나는 산사의 가을
기러기는 줄지어 어디로 가나
만리장천 불국토는 어디쯤인가

햇살은 따갑지만 그늘에 들어서면 선선하다. 해가 서쪽으로 기울면서 법당 앞의 탑 그림자가 점점 길어지고 서향한 요사채의 마루와 댓돌 사이의 까만 공간 탓에 가지런히 벗어놓은 흰 고무신이 하얀 옥처럼 돋보인다.

고무신 주인공은 지금 가부좌 틀고 앉아서 시간을 초월한 명상에 잠긴 것일까. 은행잎 떨어지는 소리가 들릴 정도로 고요한 산사의 저녁풍경. 좀 있으면 저녁 공양을 알리는 목어가 따다닥 따닥 울리겠지. 그리고 저녁 예불을 알리는 법고가 울리고 저녁 예불이 시작되겠지.
그렇게 산사의 하루가 저물면 천 년 세월에 또 하루가 보태지리라.

아. 어느새 어둠이 안개처럼 번지더니 앞뒤 산이 모두 묵화처럼 아렴풋이 공중에 떠오르고 동녘에 달이 솟는다.

어느새 달빛이 요사채 마루에 내려 앉았는데 가부좌 틀고 명상에 잠긴 사문(沙門)은 어디쯤에 당도했을까.

나그네

외로운 나그네 발길 멈추니
솔밭을 스치는 바람 소리
뫼 너머의 쇠북이 길게 울고
하얀 초승달이 동녘에 뜨네

– 후렴

대숲을 스치는 바람처럼
걸림 없이 떠나는 나그네 길

곤한 나그네 잠 못 이루고
뒤척이는 머리맡 귀뚤이 울고
부엉이가 길게 울고 간 뒤에
높은 산마루에 햇살 비추네

한 조각 구름이 일었다가 스러지면 허공엔 흔적도 없다. 우리 인생도 사바에 태어나서 잠시 머물다 간다. 머무는 동안 무엇에 심사가 뒤틀리면 화가 나고 내 뜻대로 되지 않으면 짜증을 부린다. 그러면 몸에 병이 생긴다. 그렇지 않아도 차츰 나이 들면 변해갈(늙어갈) 판인데……. 석가세존께서 이르시기를 『이 세상의 모든 것은 나서 머물다가 변화하여 마침내 멸한다 – 生住異滅』 고 하시었습니다.
세존께서 사바티(舍衛城)의 제타숲에 있는 아나타핀디카(給孤獨園)에 계실 때. 어느 날 제자들이 성으로 탁발을 갔다 와서 「세존이시여. 코사라국의 파세나데왕(波斯匿王)이 백성들을 포승으로 묶고 쇠사슬로 묶어서 끌고 갔습니다」하고 아뢰자 세존께서는 「현명한 사람은 포승이나 쇠사슬에 묶인 것을 속박이라 하지 않는다. 재물에 현혹되고 처자에게 집착하는 마음은 끊기 어렵다. 현명한 사람은 이야말로 강력한 속박이라고 말한다. 이는 마음을 교란하여 벗어나기 어렵다. 그러나 이 속박을 끊으면 속박에서 벗어나 안락할 것이다」 하고 이르셨습니다.

포승에 묶이고 쇠사슬에 묶이는 것보다 더 무섭고 강력한 속박에서 벗어나 안락을 누리라고 하시었다. 덧없는 욕망에 속박되어 온갖 악을 짓고 괴로워하지 말고 과감하게 그 굴레에서 벗어나라고 하신 것이다.
내가 지은 크고 작은 업보는 결코 면하지 못한다. 아예 업을 짓지 말아야 한다.

서녘으로 가고지고

오색 만장 흰 구름 앞세우고
큰스님 재를 넘어 떠나가신 날
산새는 깃을 접고 목이 메이고
솔바람도 알알이 이슬 맺힐 때
이끼 낀 돌탑은 말이 없었고
밤하늘에 곧게 피던 한 가닥 연기
무심한 초승달은 구름을 타고
천 년을 하루같이 사바 비추네

어허 어허 어허야
백팔염주 돌리면서
가고지고 가고지고
서녘으로 가고지고
어허 어허 어허야
백팔염주 돌리면서
가고지고 가고지고
서녘으로 가고지고

지난 14일 한국 불교계의 원로이신 석주스님께서 입적하시었다. 세수 96세에 가셨다. 워낙 정정하시어 백수(白壽)하시겠다고 했는데 갑자기 가시었다. 큰스님께서도 백 살 채우시겠다고 하시었는데…….

개인적으로 큰스님을 마음의 스승으로 모시고 살았다. 그렇다고 자주 가 뵙거나 무슨 도움을 드리는 것도 아니고 단지 혼자 그렇게 생각하고 있었던 것이다. 저녁 6시에 입적하셨다는 소식을 들은 게 8시 반쯤이었다. 눈물이 핑 돌았다.

엊그제 아주 가까이 지내던 친구의 발인을 보고 와서 마음이 울울(鬱鬱)했는데 연이어 큰스님의 입적 소식을 들으니 마음이 천근이었다.

생주이멸(生住異滅). 붓다께서 우주만물은 다 〈나고 머물다 변화하여 마침내는 멸한다〉고 하시었으니 슬플 것도 없고 당연한 이치인데도 눈물이 흐르니 아직은 불자가 못되었나 보다. 그런데 스승은 이미 가시었으니 누구에게 가서 배울거나.

어허 어허 어허야. 스님, 범어사 일주문 앞에서 흰 연꽃에 싸여 가시는 것 뵈었습니다. 어디 계십니까. 한 줄기 연기로 가셨습니까.

새해 새아침

찬란한 동방의 빛 배달의 터전
새해 새아침 눈부신 햇살
에밀레 큰 종이 울려 퍼지네
 겨레여 손에 손잡고 나아가세

거침없는 용기와
샛별 같은 지혜
허공처럼 넉넉한 마음
온 세상을 품에 안고서
우뚝 서라 배달겨레여
우리 하나 되어 나아가세

새해 새아침의 해가 비추네
아름다운 강산 배달의 터전

을유년이 밝아온다. 나는 선(善) 너는 악(惡)이라며 서로 대립해서 버티고, 쪼들리는 경제에 의기소침하여 움츠렸던 묵은해는 이제 갔다. 그리고 새해가 밝아온다.
부디 올 한 해는 부처님 마음으로 서로 화합하고 품어주며, 부족하면 부족한대로 넉넉하면 넉넉한대로 오순도순 살아가는 세상이 되길 기원하자.
그리고 우리 겨레가 어떤 겨레인가. 반만 년의 기나긴 역사와 저 찬란한 문화를 지닌 자랑스러운 배달겨레가 아니던가. 우리가 마음먹고 나서면 못할 일이 어디 있나.
학문이면 학문으로 과학이면 과학으로 앞장서고, 경제면에서나 문화적으로나 남보다 앞서서 나아가고 스포츠도 당할 자가 없는 금메달이 되는 한 해가 되어야겠다. 지구촌 어딜 가든 당당히 앞장서는 대 한국인이 되자.

꽃비 내리고 땅 울리니

동녘의 샛별이 밝게 빛날 때
마침내 싯달태자 크게 깨치니
칠보로 피어난 보리수 아래
눈부신 광명이 우주를 밝혀
보라 저 하늘에 꽃비 내리고
이 땅이 천둥처럼 크게 울리네

아직 일어나지 않았던 도 열리고
진리의 등불이 어둠 밝히니
자비로운 감로수 고루 내리네
눈 있는 자는 보라 저 광명을
귀 있는 자는 들으라 진리의 말씀
삼독에 찌든 중생 고해 건너네

하늘 사람 땅의 사람 모든 중생이
붓다의 보좌 앞에 예배 드리네

불교에서는 부처님 오신 날을 비롯해서 출가하신 날 · 성도(成道)하신 날 그리고 열반에 드신 날을 4대 명절로 꼽는다. 지난 1월 17일이 바로 싯달태자가 대각(大覺)을 이루고 붓다가 되신 성도절(成道節)이었다.

경에는 『아직 일어나지 않았던 도(道) 일어나고 아직 생기지 않았던 도 생기고 아직 알려지지 않았던 도 알려지게 되었다』고 설하고 『감로의 문은 열렸다. 눈 있는 자는 보라. 귀 있는 자는 들으라. 누구나 깨달음을 이룰 수 있다』고 했다.

모든 절에서는 전날 밤 철야정진을 하며 붓다의 공덕을 기린다. 삼계의 도사(導師)이시며 사생(四生)의 자부(慈父)이신 석가모니 부처님. 이 목숨이 다하는 그날까지 귀의(歸依)합니다. 나무시아본사 석가모니불.

산사의 아침

– 설날 아침

동녘이 훤하게 날이 새는가
아침 햇살 불그레 하늘에 피어
산허리 안개 타고 큰북 울리면
낙락장송 천 년의 기지개 펴고
솔바람에 풍경이 세월 울리면
동승은 산문 밖의 *세진을 쓸어

시작도 끝도 없는 천만 겁 세월
마음을 가다듬는 산사의 아침

* 세진(世塵) 속세의 이런 저런 번뇌.

을유년 설. 새해를 맞아 차례를 지내고 어른들께 세배를 드리고 떡국을 먹은 게 엊그젠데 벌써 보름이 지나 스무날이 지났다. 무수겁(無數劫) – 헤아릴 수 없는 아득한 세월, 언제가 시작이고 언제가 끝인가. 무시무종(無始無終), 시작도 끝도 없다는 무수한 세월 속에 우리가 태어나서 한 평생을 살다가 명이 다하면 죽는다.

무수겁 속에서 우리의 한 평생은 티끌의 티끌만도 못한 아주 짧고도 짧은 시간이다. 이 짧고도 짧은 시간조차도 덧없고 덧없어 한 순간도 머물지 못하고 변하고 또 변한다. 그 뿐인가. 그 덧없는 속에서 탐욕과 성냄과 어리석음(貪, 瞋, 癡) 삼독 때문에 괴로워하며 산다. 참으로 어이없는 삶이 아닌가.

그런 사품에서도 티끌의 티끌만도 못한 하찮은 욕망이라도 누리게 되면 좋아서 어쩔 줄 모른다. 마치 가마솥의 물고기처럼. 잡아온 물고기를 가마솥에 넣고 불을 지핀다. 탕을 끓이기 위해서. 그러나 물고기는 물이 따뜻해지자 「아, 이제 봄이로구나」하고 따뜻해진 물에 도취되어 곧 닥칠 죽음을 생각하지 못한다.

설날 아침만이 아니라 하루하루를, 아니 순간순간마다 동승이 《산문 밖의 세진》을 쓸 듯이 우리 마음의 삼독을 쓸어내야 한다. 글도 모르고 세존의 설법도 이해하지 못하던 바보제자가 매일 매일 마당을 쓸고 마침내 아라한이 되었듯이.

모든 이가 부디 마음의 삼독을 쓸어내고 편안한 하루하루를 누리는 참다운 불자가 되기를 바라며.

2005. 2. 28. 쇠귀골에서 도하 합장.

생일 축하

정다운 ○○의 생일날
사랑하는 마음으로 축하합니다
꽃처럼 화사하고 향기롭게
온 누리 감싸주는 밝은 해처럼
눈보라 속 푸르른 소나무처럼
언제나 건강하고 행복하세요

사랑을 듬뿍 담아 축하합니다
지극한 정을 다해 축하합니다

* 손 위 사람의 생일일 때는 〈생일날〉을 〈생신날〉로
그리고 〈정다운〉은 〈존경하는〉으로 바꾸어서

엊그제가 보리의 생일이었다. 식구들이 모여 저녁을 같이 먹으면서 이른바 축하 케이크 대신 떡을 차려놓고 촛불을 켰다.

「생일 축하합니다…」 모두들 손뼉을 치며 축하노래를 불렀다. 그러면서 우리의 생일 축하노래가 있으면 좋겠다는 생각을 했다.

너무 속 좁은 생각인지는 몰라도 국경일에는 애국가를 부르고, 기쁘거나 언짢은 일이 있을 때 우리는 누가 먼저랄 것도 없이 서로 어깨동무를 하고 아리랑을 부르듯이 이왕이면 우리의 생일노래를 부르면 한결 더 축하분위기가 무르익고 우리 정서에 맞는 진정한 생일잔치가 되지 않을까 하는 생각을 한 것이다.

젊은 사람들을 생각해서 밝고 경쾌하게 그러나 너무 천박하지 않고 어른 생신날 불러도 어색하지 않고 분위기가 고조될 수 있는 그런 생일축하노래가 널리 불려지면 오죽 좋겠는가.

결혼축가 《오늘 기쁜 날》은 합창단원들 사이에서 제법 불려지고 있다. 작년인가 일본 사람하고 결혼할 때는 일어로 번안을 해서 부르기도 했다.

서두를 건 없지만 아무쪼록 우리의 생일축하 노래가 하루 빨리 널리 불려지게 되기를 바라는 마음 간절하다.

슬프게 아름다운 것

슬프게 아름다운 것
어젯밤 비바람에 지다
여울에 하얀 꽃잎들
아니가고 머뭇거린다
　　　　– 박ㅇ숙

대구(對句)

꽃잎이 풀어놓은 여울의
꽃향기에 젖어 목청껏
울다간 산새 한 마리
하늘엔 쇠북소리 번지네
　　　　– 반

지난 3월 말, 불교문화재 답사팀의 한 분이 메일을 보내셨다. 아마도 내가 노랫말을 가끔 쓴다는 걸 아니까 생각이 나서 보내신 것 같다.
읽는 순간 너무 예쁘고 꾸밈이 없어 신선하다고 생각되어 메모를 해 두었던 것을 여기 소개한다.
이런 시를 쓰신 분의 참뜻이야 내가 짐작을 못하겠지만 〈아니 가고 머뭇거린다〉라는 대목에서 쓴 이의 여리고 순박한 마음이 느껴졌다. 왜 머뭇거리는지는 모르지만 모질게 가버리지 못하는 그 마음에서 자비를 느낀다.

이 원고를 쓰면서 생각나는 대로 대구(對句)를 적었다.
곧 부처님 오신 날이다. 산이며 들은 온통 연둣빛이 싱그럽다. 룸비니동산에 만발한 무수꽃이 그토록 아름다웠을 게다. 그러기에 마야부인께서 꽃가지를 잡고 황홀해 하시지 않았을까. 아름다움의 극치와 슬픔은 다른 것이 아니라 하나다. 극도로 슬프면 눈물이 나는 게 아니라 차라리 껄껄 웃음이 나올 수도 있다. 하도 기가 차서. 또 배를 잡고 웃으면 눈물이 난다. 너무 즐겁고 행복해서. 뭐든지 극에 달하면 추월한다.
우리네 삶도 〈슬프게 아름다운 것〉이 아닐까. 4고(苦), 8고(苦) 덧없는 인생이지만 그러나 그 고뇌에 쌓인 인생이 또 얼마나 아름다운가. 색이 공과 다르지 않고 공이 색과 다르지 않으니 색이 곧 공이고 공이 곧 색이라고 하지 않던가.
부디 그 곱고 진솔한 마음 변하지 않기를. 마하 반야바라밀.

닐 바 나

메마른 가랑잎을
한 순간에 불사르듯
내 마음의 욕심
한 생각에 떨치니
모진 바람 거센 비
스쳐간 바다처럼
마음은 고요하고
기쁨이 햇살처럼
햇살 같은 내 인생
이것이 닐바나

『百劫積集罪 一念頓蕩盡 如火焚枯草 滅盡無有餘』

백겁을 두고 쌓인 죄업 한 생각에 탕진해 버리네. 마치 가랑잎을 불사르듯이 남김없이 다 없애네.

나는 이 게송(偈頌)을 좋아한다. 그래서 늘 중얼거린다. 그런데 그게 그리 쉬운 일이 아니다. 몇 생을 두고 지은 죄업을 없애기는커녕 오히려 어제도 또 오늘도 크고 작은 죄업을 짓기만 한다. 그러니 어찌 누겁(累劫)의 죄업을 없앨 수 있겠는가.

부지런히 닦고 또 닦아 평생을 두고 닦는다 해도 내가 지은 죄업의 천만 분의 일도 지울 수 없을 것 같다.

탐내는 마음 · 성내는 마음 · 우매한 마음(貪 · 瞋 · 癡). 이 세 가지를 마음의 삼독이라고 한다. 사람들의 탐욕은 마치 불길과 같아서 내 인생은 물론 가정을 불사르고 이 사회를 불길에 휩싸이게 만든다. 탐욕의 불길이야말로 범부 중생들이 가장 빠져들기 쉬운 지옥이다.

성내는 마음 역시 만만치 않은 독소다. 이제부터는 결코 성내고 미워하고 원망하지 않으리라 하루에도 몇 번씩 다짐하고 또 다짐하지만 어떤 일을 당하면 본성이 나타나서 나도 모르게 화부터 내게 된다. 그리고는 곧 아차 또 진심을 냈구나 하고 후회하지만 그때는 이미 늦다.

어리석음. 곧 무명도 좀처럼 헤어나지 못하는 두터운 장벽이다. 저 멀리 밝은 지혜의 빛이 보이는 듯해서 부지런히 달려가지만 깜빡하는 사이 그 아득했던 불빛을 잃고 다시 어리석음의 터널에서 헤매게 된다.

어떻게 해야 탐진치 삼독의 수렁에서 헤어날 수 있을까? 자나깨나 이 화두를 놓치지 않도록 정신을 똑바로 차려야 한다. 입으로 마음으로 이 닐바나를 부르면 조금이나마 도움이 될까?

소리 마루

모든 이웃들을 품에 안고서
너와 나 뜻 모아 금수강산에
찬탄노래 울리는 그날까지
구구만리 만행한 선재처럼
오늘도 내일도 또 내일도
멈추지 않는 소리마루의
불퇴전의 행진 이어가리라
법 수레 굴리며 나아가리라

– 후렴

부르자 붓다의 찬탄 노래
붓다의 사자들 소리마루여

지난 6월 24일 저녁 한 영상미디어센터에서 보기 드문 다큐멘터리의 시사회가 열렸었다. 아마도 불교계 최초의 《찬불가 다큐멘터리》가 아니었을까.
소리마루라는 불교청년회 합창단이 최근 2~3년 동안에 겪은 실제 상황의 기록이다. 거의 두 시간 숨을 죽이고 영상에 빠져들었다. 진지했다. 티끌만한 꾸밈도 연출도 없는 바로 오늘 있는 그대로의 우리 이야기 - 불교음악의 현실, 나아가 불교문화의 축소판이었다.
그래서 웃을 수도 외면할 수도 탄식할 수도 없었다. 많은 것을 생각하게 했다. 극심하게 가뭄을 타고 있는 불교문화가 언제나 촉촉이 해갈(解渴)될는지. 오늘의 불교는 문화가 없다. 뚜렷한 역사의식도 가물가물하다. 외화내빈이라면 지나친 표현일까.
불자들의 문화의식이 너무 고갈되어 있다. 아니 아예 그런 의식이 없다. 오로지 왕생극락 금시발복에만 매달린다.
각설하고 불교권의 미디어들은 이런 좋은 보도거리를 왜 모르고 있을까? 관심이 없는 것일까? 아니면 정보 부족인가? 이 다큐멘터리가 보다 많은 불자들에게 알려져서 문화에 대한 의식이 싹트는 날 향내가 진동하는 연꽃이 피어날 것이다.
푸르게 푸르게 뻗어나갈 소리마루를 그려본다.

패랭이꽃이 피었는데

장마 끝의 무더위에 모든 게
시들하게 늘어진 여름 한나절
장맛비에 시달린 패랭이꽃은
더위도 안 타는지 곧게 서서
누구의 눈길을 타려는 걸까
패랭이를 같이 꺾던 그때가
불현듯 그리운 늦여름 석양
쇠북소리 들으며 발길 돌리네

달빛에 불그레 그 때 그리워
패랭이 한 송이를 꺾어 들고서
하염없이 거니는 늦여름 달밤
행여 그리운 님 기별 있을까
당치 않은 꿈길을 헤매는 밤
패랭이를 같이 꺾던 그 손길
불현듯 그리운 늦여름 달밤
쇠북소리 들으며 새벽을 맞네

패랭이꽃은 너도개미자리과의 여러해살이 풀꽃이다. 아무데서나 잘 자란다. 꽃이 화사하지도 않고 탐스럽지도 않다. 그저 눈여겨보지 않으면 눈에 띠지도 않는다. 그러나 마당가나 화단에 무리 지어 피면 제법 볼만하다.

패랭이꽃은 되바라지지 않고 요염하지 않아서 정이 간다. 그저 수수한 것 같지만 그 빛깔이 아주 해맑다. 그리고 비록 꽃송이는 작고 홑겹이지만 정열이 숨어 있다. 한 줄기에 여러 꽃이 다닥다닥 다투어 피지도 않는다. 고지식하게 한 송이만 핀다. 그래서 순수해 보인다. 진국이다.

다양한 외래종이 들어와서 토박이가 귀하다. 외래종이나 토박이나 다 좋다. 작지만 어느 꽃보다도 아름답다. 손색이 없다. 아름답다. 명품 옷을 입은 탤런트처럼 화려하지는 않지만 속내가 아름다운 여인처럼.

보리수 아래서

보리수 그늘에 고요히 앉아
우리들 사는 일 생각해보니

욕망을 버리고 악을 떠나면
나날이 기쁘고 즐거우리라

거칠고 산만한 맘 가라앉히면
잔잔한 바다처럼 편안하리라

차별과 교만한 맘 떨쳐버리면
너와 나 한결같이 행복하리라

맑고 깨끗한 맘 걸림이 없어
생과 사 떠돌던 굴레 벗으면

만고 진리 깨치신 부처님처럼
맑은 미소 저절로 피어나겠지

석가세존께서 어느 날 제자들에게 이런 이야기를 들려주셨습니다.

『내가 붓다가 되기 전……나의 사색을 훼방하고 무너뜨리려는 악마를 물리치고 나서 삼매에 들었다. 그리고 제일 먼저 욕망을 버리고 악에서 떠나 기쁨과 즐거움을 맛보고, 두 번째로 거칠고 흔들리는 마음을 가라앉히고 고요에 머물렀다.

더 나아가 세 번째로 차별 없는 마음으로 고와 낙 근심과 걱정을 없애고 다시 더 나아가 네 번째로 더러움 없이 맑고 고요해 걸림 없는 마음으로 거듭된 전생을 돌아보고 아득한 옛적의 매우 작은 일까지도 낱낱이 살피어……

첫 번째의 지혜를 깨닫고 마음속의 무명을 몰아냈다』

세존께서 마음의 무명을 몰아내셨듯이 나도 아니 우리 모두가 마음의 무명을 몰아내려면……이리저리 흔들리는 마음을 가라앉혀 고요에 머물게 하고…….

말로는 욕망을 버린다지만 욕망의 뿌리는 좀처럼 뽑히지 않습니다.

오늘도 내일도 아니 순간순간 마음에 다짐을 합니다.

「욕망을 버리고 악을 떠나면……」

친구들과 정답게

우리 서로 손잡고
노래하며 걸어요
저 하늘의 꽃구름
아름답게 피어나고
산골짝의 냇물도
즐겁게 속삭이네

친구들과 정답게
노래하며 걸어요
들에 핀 꽃들이
방긋이 미소 짓고
작은 절 풍경소리
정답게 노래하네

요즘 아이들은 좀처럼 아스팔트길에서 벗어날 기회가 없다. 고층 아파트 엘리베이터 타고 집을 나서서 근처 상가의 학원에 간다. 태권도장도 빌딩에 있다. 미술학원 음악학원도 미니버스로 태우러 온다. 학교도 아스팔트가 깔린 길 따라 가면 된다.

봄 가을 소풍도 이젠 현장학습이라고 해서 놀이공원으로 간다. 냇물이 흐르고 들꽃이 피어 있는 들로 산으로 가는 게 아니다. 편해지고 빨라져서 좋긴 하지만 마음은 아스팔트처럼 거무티틱하고 딱딱하다. 보드랍고 귀여운 아이들의 정서가 자리할 틈이 없다. 순박하고 어린 동심은 사라지고 영악하고 타산적인 현대인의 축소판이 되어간다.

보고 듣는 TV니 비디오의 영상들은 거의가 다 치고 쏘아 죽이는 내용이다. 만화책은 어른이 봐도 낯 뜨거울 그림들로 가득하다. 장난감도 기계로 찍어낸 공산품이지 포근하고 정이 스며있는 정서적인 것이 별로 없다.

자연 속에서 살고 있는 풀 나무 생물과 가까이 할 수 있는 기회를 만들어 주고 보다 어린이답고 보다 인간적으로 자랄 수 있게 해주어야 할 것이다.

일매지게 훈련된 북한 어린이들을 볼 때마다 어린이다운 구석이 없고 마치 기계 같다는 느낌이 든다. 남한 어린이나 북한 어린이나 모두 자연 속에서 자연을 닮은 어린이가 되게 해주어야 하는 게 아닐까.

천 년의 사랑

– 쌍둥이 비로자나불을 친견하고

천 년을 하루같이 태양처럼
밝은 빛으로 이어온 사랑
풍상도 겪고 [1]병화도 이기고
가야산 깊은 골 해인사에서
오롯이 지켜온 침묵의 사랑
오, 비로자나 법신불이시여

그 누구의 곱디고운 솜씨런가
여래 앞에 서원한 진성여왕의
[2]대각간 향한 진솔한 속마음
천만 겁 변함없을 애틋한 사랑
한 치도 어김없이 닮은 그 모습
오, 법신불 비로자나불이시여

1 兵火　2 大角干

* 지금 법보종찰(法寶宗刹)이며 화엄도량(華嚴道場)인 해인사에서 쌍둥이 부처님 친견대법회가 열리고 있다. 대적광전에 모셨던 비로자나불과 법보전에 모셨던 비로자나불이 똑같을 뿐 아니라 가장 오래된 목불이라는 것이 밝혀졌다. 뿐만 아니라 비로자나불의 복장공(腹藏孔)에 먹으로 쓴 두 줄의 글을 통해 왕위에 오르기 전의 진성여왕(888년 卽位)이 사랑하는 대각간(大角干) 위홍(魏弘)을 위해 조성(883년)한 커플 부처님이라는 것도 밝혀졌다.

비로자나불은 화엄경의 주불(主佛)이며 또 세존께서 설하신 법을 상징하는 법신불(法身佛)이기도 하다. 왼손 인지(人指 ; 집개손가락)를 세우고 그 손가락을 오른쪽 손으로 감싸 쥐고 있다. 이런 수인(手印)을 지권인(智拳印)이라고 한다.

두 부처님은 마치 형틀에서 찍어낸 듯 똑같아 육안으로는 아무리 봐도 차이를 느낄 수 없다. 참으로 놀라운 재주다.

이 진성여왕과 대각간의 사랑이야말로 동서고금을 통틀어 몇 안 되는 세기적 · 역사적인 아름다운 사랑이 아닐까. 아마도 이런 사랑은 비로자나불의 위신력(威神力)이 아니면 이루어지지 못할 것이다. 천 년 세월을 이어온 두 사람의 햇빛과 같은 사랑이여 만세. 거룩할손 비로자나불의 위신력이시여.

행복하세요

저 높은 창공을 바라보세요
휘파람을 신나게 불어보세요
그러면 오늘 하루 행복할 테니
오늘이 행복하면 내일도 행복

창공을 바라보며 욕심 날리고
휘파람 불어 근심 걱정 날리면
행복이 제 발로 찾아온다나
해보세요 신기하게 행복할 테니

행복(幸福). 다행할 행(幸) · 바랄 행(幸) 그리고 복 복(福) 곧 몸도 마음도 만족감을 느끼는 것을 행복이라고 한다.

석가세존께서는『나는 어디서 왔는가. 죽으면 어디로 가는가』하고 걱정하지 말라고 하셨습니다. 전생은 이미 지나갔고 미래는 아직 오지 않았으니 살아 있는 지금, 나는 어떻게 살 것이며 어떤 일(言 · 行)을 할 것인가. 또 어떤 모습으로 살 것인가를 생각하라고 하시었다.

내 능력껏 정당하게 벌어서 4분(分)해서 그 하나는 가용(家用 · 살림)으로 쓰고 또 하나는 사업에 재투자하고 또 하나는 저축을 하고 나머지 하나는 친척 · 이웃을 위해 베풀고 살아라. 그러면 복을 누릴 것이라고 하시었습니다.

우리나라는 아직 기부문화가 익숙하지 못해서 사회나 어려운 사람들을 위해 베풀 줄 모른다고 한다. 동정이나 영예욕 때문에 베푸는 것이 아니라 그냥 내 주변의 어려운 사람을 위해 대가를 바라지 않고 베푸는 것, 이것이야말로 진정한 보시(布施)인 것이다. 금강경에서 말하는 무주상(無住相) 보시다.

이렇게 대가를 바라지 않고 베풀면 비록 작은 선(小善)이라도 쌓이고 쌓여서(積善) 공덕(功德)이 된다고 했다. 이런 공덕을 지으면 곧 좋은 보(報)를 받게 되는 것이다.

세존께서『비록 내 옷자락을 잡고 있더라도 탐욕스런 마음 · 악한 생각 · 번뇌 · 산만한 마음을 지니고 감정을 통제하지 못하면 가까이 있는 게 아니다』라고 하시었다.

오늘도 내일도 휘파람을 불어 마음의 삼독을 날려 보내면 비록 세존의 옷자락을 잡고 있지 않더라도 세존 곁에 있는 것과 똑같다. 마음이 늘 깨끗하도록 노력하자. 그러면 행복은 저절로 따라올 것이다.

얼럴러 상사디야

아침 해가 불끈 솟아 빛나고
금수강산 곳곳마다 꽃 만발해
맑은 강 푸른 바다 잔잔하니
배달겨레 어울려 춤을 추세

드높은 봉우리엔 흰 구름이
너른 들 황금물결 일렁이니
동방의 빛 반만 년의 한 핏줄
우리 모두 손잡고 노래하세

오늘도 내일도 좋은 날
우리 모두 복을 누리세
얼럴러 상사디야
얼씨구 좋을시고

서해 쪽에 눈이 많이 내려서 호남 충청도 일부는 눈 난리가 났다. 눈 무게로 내려앉은 비닐하우스에 깔린 가금류(家禽類)가 추위에 떨고 정성들인 겨울농사가 모두 뭉개져서 농민들의 가슴이 더 시린 겨울.

삶은 이래저래 고달픈 것. 날이 맑으면 맑은 대로, 흐리면 흐린 대로 좋기도 하고 나쁘기도 하다. 좋다 나쁘다는 분별은 그때그때 내가 당하는 처지에 따라 달라진다. 어제도 오늘도 뜨는 달인데 어제는 처량하더니 오늘은 로맨틱하다고 생각한다. 인간의 감성은 이렇게 변덕스러운가보다.

그래서 중생은 이래저래 괴로움의 바다에서 헤매는 것이라는 세존의 말씀이 가슴에 와 닿는다. 어찌할까나. 어찌해야 이 괴롬의 바다에서 헤어날건가.

반만 년의 기나긴 세월, 괴롭기도 했고 좋은 날도 있었지만 우리 겨레는 그래도 착하고 지혜롭게 살아왔다. 오늘 우리는 이런 저런 일들로 어려움을 겪고 있지만 그러나 희망을 가지고 즐겁게 사는 길을 찾자. 달은 항상 달일 뿐 더도 덜도 아닌 그저 달일 뿐이다. 세존께서는 달을 달 그대로 보는 것이 지혜라고 하시었다. 세존의 말씀대로 지혜롭게 사는 길을 찾아가자.

오늘도 또 내일도 바르고 지혜롭게 그리고 즐겁게 살자. 얼굴을 펴고 웃는 낯으로 얼럴러 상사디야 즐겁게 살자. 얼씨구 좋을시고. 우리 다 함께 복을 누리며 즐겁게 살자.

불에 탄 낙산사

한 겨울의 바닷바람이
쌀쌀한 낙산사 해수관음
치열한 불길의 소용돌이
파도가 일렁이는 동해를
우뚝 솟아 굽어보시었지
묵언과 미소로 설하시네

보라 모든 게 불타고 있다
탐욕과 노여움 어리석음
근심 걱정 번뇌의 불길로
중생과 세상이 불타고 있다
탐욕과 노여움의 불을 꺼라
자비의 감로로 불을 꺼라

파랑새 되어 하늘을 날며
관음보살님이 설하시네

2005년 4월 양양의 산불이 낙산사를 덮쳤을 때 불자 뿐 아니라 모든 사람들이 안타까움에 발을 동동 굴렀다.

겨울바람이 쌀쌀한 낙산사를 둘러보았다. 누각은 타고 무지개 돌문만 남은 낙산사에 들어서니 황량했다. 그 동안 불에 탄 전각(殿閣) 터의 잔해(殘骸)며 주변의 불탄 나무들을 잘라내고 말끔하게 정리하고 있었다.

불에 녹아내린 보물 동종(銅鐘)을 매달았던 종각(鐘閣)은 터만 남았고 불에 녹은 동종은 문화재청에서 회수해 갔다고 했다.

해수관음상 앞에 엎드려 절을 하고 나서 둘러보니, 그 옛적 석가세존께서 가야산에 올라 출가한 지 얼마 안 되는 제자들에게 설하신 유명한 법문이 생각났다.

세존께서 『보라. 세상이 불타고 있다. 눈(眼)이 불타고 있고 눈의 대상(色)도 불타고 있다. …탐내는 마음에서 벗어날 수 있으면 곧 해탈을 할 수 있다』고 하신 산상(山上)의 설법은 갓 출가한 제자들에게 큰 감동을 주었다.

하루 빨리 복원이 되고 우렁찬 범종 소리가 다시 울릴 날이 오기를 기다리며 발길을 돌렸다.

버들강아지

보실보실 버들강아지가
긴긴 겨울잠에서 깨어나
심술쟁이 살바람 맞으며
따뜻한 햇살에 몸 불리면
얇은 얼음 밑의 개울물이
콜콜콜 소리내어 흐르고
양지쪽의 새싹이 갸웃이
하늘을 향해 발돋음 하네

개나리 몇 가지를 꺾어다 병에 꽂아놓았다.

며칠 만에 노란 꽃잎이 비치더니 엊그제 한 송이 두 송이 활짝 피기 시작했다. 참 신기하기도 하다.

그러고 보니 벌써 입춘이 지나고 우수가 지났다. 아직은 살바람이 차갑지만 그래도 한 겨울 같진 않다. 옷깃을 파고드는 살바람도 맵지가 않다. 응달에 얼어붙었던 눈도 맥이 풀려서 푸석푸석하고 양지쪽은 어느새 봄기운이 깔려서 부드러워 보인다. 앙상한 나뭇가지들도 한겨울처럼 빳빳하지 않고 악지가 한풀 꺾여 한결 부드러워 보인다.

내 기분 탓일까? 아니다. 산자락의 개울물이 말갛게 얇아진 얼음 밑에서 돌돌거리며 흐르고 있다. 양지쪽의 버들강아지는 어느새 보실보실 하게 몸이 불었고 실바람에 솜털을 나부끼며 봄 내움을 피우고 있다. 앙징스럽고 귀엽다. 한겨울 꽁꽁 뭉쳐있던 몸을 풀고 하루가 다르게 몸을 불린다.

얼음이 다 녹은 양지쪽의 개울에는 작은 피라미 몇 마리가 이리저리 몰려다닌다. 물속을 들여다보는 사람의 눈길을 느낀 탓인지 아주 재빠르다.

이제 머지않아 버들강아지는 노란 꽃술을 피울 것이다. 그리고 양지쪽의 개나리가 피어나면 산자락의 진달래도 꽃망울을 부풀려 발그레 피어날 것이다.

이제 봄이다. 그런데 모두들 살기가 어렵다고 한다. 원활하지 못한 경제 탓이란다. 경제가 안 풀리는 것은 정치를 잘못해서 그렇다고 한다. 봄꽃이 화사하게 피어나듯 부디 모든 사람들의 마음에도 화사하고 해맑은 희망과 행복이 피어나는 한해가 되었으면 오죽 좋겠는가.

으뜸가는 행복

어리석은 사람을 멀리 하고
현명한 이를 가까이 하며
깨끗한 환경에서 꾸준하게
원을 세우고 공덕을 지으며
널리 배우고 기능을 익히고
족함을 알고 은혜를 잊지 마라

부모를 공경하고 가족 위하고
힘이 닿는 대로 베풀어 주되
부끄러운 짓을 하지 말아라
나를 낮추고 남을 존경하고
품위 있고 온화하게 대하면
으뜸가는 행복을 누릴 것이다

으뜸가는 복을 누리는 사람은
험담을 들어도 흔들리지 않고
명예와 칭찬에도 흔들림 없어
이에서 더한 복이 또 있으랴
이제 저 언덕에 이르렀으니
붓다의 품안에서 안온하리라

붓다께서는 아함경에서 『세간의 온갖 힘 가운데 복의 힘이 가장 으뜸이다. 복으로 부처의 길을 이루느니』 하고 《행복론》을 설하시면서 『어리석은 자와 친근하지 마라. 섬길 만한 사람을 섬겨라… 이것이 최상의 행복이다』라고 하시었다. 꽤 긴 게송을 간추려서 노랫말로 엮어보았다.

결코 어렵거나 현학적인 법문이 아니라 지극히 쉽고도 평범한 것 같지만 실천하기는 매우 어려운 가르침이다.

붓다께서는 『이러히 행하여 마치면 어디 있으나 이기지 않음이 없고 어디 가나 복되고 풍족하리라. 이런 사람이야말로 최상의 행복을 누리리라』고 끝을 맺으셨다.

오늘부터 아니 당장 지금부터 실천해보자. 그리하여 붓다께서 『이 세상의 으뜸가는 힘이며 부처의 길을 이루는 길』이라고 하신 최상의 복을 누리고 싶다.

조팝나무 꽃

눈보라가 휘날리는 엄동설한
유난히 춥고 기나긴 한 겨울에
따뜻한 햇살이 언 몸을 녹이 듯
괴로움에 지치고 한 맺힌 마음을
미소로 이끌어준 붓다의 가르침
미움과 어리석은 욕망을 벗어나
파란 하늘 우러러 두 손 모으니
조팝나무 꽃이 하얗게 피는 봄

불길처럼 타오르는 끝없는 욕망과
미움으로 가득한 분노의 나날들
어리석은 나그네 지쳐 쓸어져서
고통과 슬픔에 세상을 원망할 때
붓다의 손길이 자비를 베푸시어
어둡고 고달프던 세상이 밝아져
이끼 낀 천년 돌탑 돌고 돌 때
작은 절 연꽃등 줄지어 피는 봄

앞장서서 봄을 알리는 개나리꽃이 지고 잎이 피어날 무렵이면 산과 들에 흔하게 피는 조팝나무 꽃. 하나하나 뜯어보면 별로 아름답지도 향기롭지도 않다. 그렇게 소박하지만 해맑고 단정하다. 그러면서도 아름답다. 꽃은 꽃이니까.
마치 규모 있는 여염집의 큰 애기처럼 순박하고 단정하다. 그래서 넉넉하고 호사스러운 부잣집 큰 애기처럼 탐스럽고 호화롭지는 않지만 은근하고 친근한 그래서 안으로 간직한 다소곳한 아름다움에 마음이 끌린다.
사월 초파일이 가까워질 무렵에 이 조팝나무 꽃이 한창 피어난다. 유난히 아름답거나 눈에 띄는 꽃이 아니어서 사람들은 조팝나무 꽃이 피었는지도 모르고 지나치기 일쑤다.
불교는 이 조팝나무 꽃처럼 믿어야 한다고 생각한다. 불지인지 아닌지 전혀 티 나지 않게 어려운 이웃을 돕고 나보다 남을 먼저 배려한다. 일상생활도 반듯하다. 붓다의 가르침을 묵묵히 실천하는 불자가 참다운 불자 아닐까.

붓다의 아들 딸

동쪽으로 가려면 서쪽을 포기하고
서쪽으로 가려면 동쪽을 포기하듯
이익을 바라고 재물을 좇는 길과
참다운 붓다의 아들 딸 되는 길은
동쪽 길 서쪽 길처럼 다르다는 걸
아는 것이 참다운 붓다의 아들 딸

비록 작더라도 아낌없이 베풀면
그 작은 선행이 육바라밀 공덕이니
크나큰 복과 행복으로 돌아온다
지혜로운 사람은 작은 것을 베풀고
보다 큰 즐거움 닐바나를 누리네
이를 아는 사람이 붓다의 아들 딸

세존께서 「사리불이여. 장차 여래가 되리라」고 수기를 내라셨다. 그리고 「모든 중생은 부처가 될 수 있다」는 놀라운 말씀을 하시자 곁에 있던 수보리 · 가전연 · 대가섭 · 목련 등 큰 제자들은 깜짝 놀라고 한 편 너무 기뻐서 벌떡 일어나 합장 예배하고 「세존이시여. 저희들은 오래된 제자로서 대중을 이끌며 이미 늙었으므로, 나는 이미 열반을 얻었으니 더 수행하지 않아도 된다고 스스로 생각하고 있었습니다. 그런데 오늘 중생도 부처가 될 수 있다는 놀라운 가르침을 듣고 생각지도 않았던 진기한 큰 보배를 얻은 기분입니다」하고 기뻐하며 「작은 법을 얻고 즐거워하고 보다 큰 지혜를 미처 모르고 있었다」고 뉘우쳤다(법화경). 작은 욕심을 부리면 큰 복을 놓지는 법(小貪大失). 「작은 것을 베풀고 큰 복을 누리는 길이 있다는 것을 아는 자가 참다운 붓다의 아들」이라고 하신(법구경) 붓다의 가르침대로 작은 것을 베풀고 큰 복을 누려 볼까나.

옛 추억

연잎의 이슬처럼 청초하던 그대
안개 속 불빛처럼 희미한 추억
마당의 백일홍 붉게 피던 날
하늘 가 무지개로 문득 피어나
매미소리 가득한 오솔길 가면
쇠북소리 가슴에 메아리 지네

연두 빛 산마루 손잡고 거닐던 길
아련한 물안개 그림 같던 새벽 강
물기 어린 눈동자에 하늘 담았지
메마른 들꽃처럼 바삭한 이 마음
가랑잎 밟으며 거니는 그때 그 길
쇠북소리 가슴에 노을이 지네

인생은 만남과 헤어짐의 연속인가. 좋은 벗으로 만나기도 하고 남다른 정이 가는 사람을 만나기도 하고 미운 상대를 만나기도 하고 두려운 사람을 만나기도 하고.
이런 만남도 언젠가는 헤어지기 마련인가. 헤어짐이 아쉬운 경우도 있고 슬픈 이별도 있다. 몸이 성치 않은 아기를 잠시 맡아 기르던 위탁모(委託母)가 떠나는 아이의 손을 잡고 참았던 눈물을 흘리기도 한다.
생전에 그토록 속을 썩였던 자식이 영정을 잡고 회한(悔恨)의 눈물을 흘리기도 한다. 자식을 앞세운 부모가 먼 하늘을 우러러 소리 없이 울기도 한다. 세존께서도 인간이 겪는 고통(4苦 · 8苦) 중에는 《사랑하는 사람과 헤어져야 하는 고통》(愛別離苦)도 있다고 설하시었다.
이런 헤어짐 중 가장 괴로운 이별이 남녀 간의 사랑이 아닐까. 희미해진 추억 속의 그대가 불현듯 떠올라 노을이 피어나듯 가슴을 빨갛게 물들인다.

안락하게 사는 법

어리석은 사람은 늘 괴롭다
욕망을 이루지 못해 괴롭고
미워서 괴롭고 분해서 괴롭고
원망 시기로 괴로움이 솟구쳐
마음이 치닫는 대로 죄 지으니
죄는 악을 낳고 업이 쌓여서
현재도 미래도 편할 날 없고
복은 멀고 괴로움만 더하네

붓다의 가르침 배우고 닦아
욕망을 떨쳐내고 마음 비우니
괴로움 사라지고 즐거운 나날
안락한 마음으로 복을 누리네

이달 들어 태풍과 장맛비로 많은 피해를 입었다. 많은 사람들이 죽거나 실종되었고 삶의 터전을 잃고 망연자실, 하늘을 우러러 탄식하고 있다.
모든 국민들이 의연금을 모으고 자원봉사자들은 직접 현지에 가서 손발 걷어붙이고 수해 복구에 땀을 흘리고 있고 군인들도 큰 힘을 보태고 있다. 모두 눈물겹도록 고맙다.
이런 피해는 인력으로는 어쩔 수 없는 자연현상이기도 하지만 대부분은 자연환경을 훼손한 탓으로 일어난 인재(人災)가 대부분이다. 미리 이런 재앙을 대비했더라면 피해를 줄일 수 있었을 것이다. 그러나 미리 방비하지 못해서 큰 피해를 입은 것이다. 게으르고 어리석기 때문이다.
우리의 삶도 이와 마찬가지다. 왜 괴로운지 곰곰이 생각하고 괴로움의 원인을 찾아내서 그 원인을 없애면 괴로울 일이 없는데도 그걸 못하는 것이다. 역시 괴롭고 어리석기 때문이다.
부처님께서 괴로움의 원인과 그 원인을 떨쳐내고 안락하게 살 수 있는 길을 일러주셨는데도 우린 그걸 까맣게 잊고 살면서 괴롭다고 몸부림을 치고 있지 않은가.

인생의 나그네

밤하늘의 달무리 우러러
아련한 그리움 달래던
나그네 지친 발길 멈추니
풀벌레가 울음을 돋우네
줄 이은 기러기 따라서
나그네 멀리 하늘 날면
빛바랜 그리움 빨갛게
불꽃 되어 가슴에 피네

새벽에 쇠북이 울리면
그리움 추스르고 햇살
마주 안고 산마루 넘어
빨간 불꽃 가슴에 안고

빨갛게 피어난 불꽃을
가슴에 안고 어디로 가나

생주이멸(生住異滅). 모든 법(法) – 생물 · 사물이 생겨나서 어느 기간 존속하다가 변화하고 마침내는 멸하는 변천의 모습을 이르는 말이다. 이를 유위법(有爲法)의 4상(相)이라고 한다.

이 세상의 모든 것은 무상(無常)하다. 그래서 인간도 생로병사의 고해에서 헤매면서 번뇌의 사슬에 얽매여 숱한 업(業)을 짓고 그 과보를 받는다.

처서가 지났으니 이제 더위도 한풀 꺾일 것이다. 극성스럽던 매미소리가 스러지면서 간간이 귀뚜라미 소리가 들려오기 시작한 걸 보니 머지않아 서늘한 가을바람에 들녘이 황금빛으로 물들 것이다.

정처 없는 나그네 발길이 더욱 무거워지고 아련한 그리움에 더욱 가슴이 시려오겠지. 저 산 너머의 작은 절을 찾아가라. 거기엔 자비로운 붓다의 미소가 있어 고뇌로 산란해진 마음을 어루만져 주시리라.

나무 석가모니불. 인생의 나그네가 발길을 멈추고 두 손 모아 귀의합니다.

좋은 벗

– 불도를 이루는 전부다

집안에서는 그 누가 좋은 벗인가
정숙하고 어진 아내가 좋은 벗이며
객지에선 어떤 사람이 좋은 벗인가
길에 밝은 길잡이가 좋은 벗이고
세간에선 어떤 사람이 좋은 벗일까
현명하고 정직한 친구가 좋은 벗일세
어떤 사람이 후세의 좋은 벗인가
스스로 닦은 공덕이 좋은 벗이라

– 雜阿含經 『遠遊經』 중에서

아난다는 늘 세존을 모시고 다녔다. 세존께서 열반에 드실 때도 아난다가 모시고 있었다. 그 아난다가 어느 날 세존께 여쭈었다.

「세존이시여. 좋은 스승(善知識) · 좋은 벗(善道伴) · 좋은 제자(善隨徒)를 갖는다면 성스러운 불도 수행(梵行)의 절반은 이룬 것이라고 생각합니다. 어떻겠습니까?」

그러자 세존께서는 「그런 말 하지 말아라. 좋은 선배 · 좋은 벗 · 좋은 후배가 있다는 것은 성스러운 수행의 전부니라. 그대들이 나를 좋은 벗으로 삼았기에 생로병사의 법 안에서 해탈을 얻고 근심 · 슬픔 · 괴로움의 법에서 해탈할 수 있지 않느냐? 선지식 · 선도반 · 선수도가 있다는 것은 이 도(道)의 전부라는 것을 명심하라.」고 하시었다.

우리가 평생을 살아가면서 숱한 사람을 만나게 된다. 그 중에 어떤 사람과 가까이 사귀(親近)고 삶을 같이 할 것인가. 사귀는 사람에 따라 나의 삶이 달라진다.

세존께서는 좋은 벗을 갖는 것이 곧 불도를 이루는 길이라고 매우 중히 여기시었다. 여기 《좋은 벗『풍경소리』》와 함께하면 그 사람은 이미 불도를 이룬 거나 다를 바 없다. 그래서 《좋은 벗『풍경소리』》를 아끼고 친근해야 하는 것이다.

세존이시여 세존이시여

지금 이 시간 목마른 중생이 손을 뻗어
세존의 감로수를 원하옵니다
산과 들은 곱게 곱게 단풍이 들었습니다
그러나 마음은 이토록 시리고 목이 탑니다
늘 세존의 손길이 그리웠지만 오늘 유난히
세존의 미소가 그립습니다
세존이시여 세존이시여
탐욕과 시기와 집착의 수렁에서
허우적거리는 어리석은 중생이
온 누리를 비추는 지혜의 빛으로
갈 길을 찾아 곧은길로 나아가고자 합니다
지혜의 빛을 비추소서 오 세존이시여

올해는 단풍이 곱지 않다고 한다. 가을철이 되면서 몹시 가물은 데다가 날씨가 더워 단풍이 들기 전에 잎들이 메말랐기 때문이라고 한다. 그래도 가을은 가을인가보다. 예년처럼 선명한 단풍은 아니지만 노랗고 빨갛고 짙고 엷은 갈색으로 물든 산과 들은 여전히 아름답다.

눈이 부실만큼 선명한 홍엽(紅葉)은 아니지만 온 나라가 알록달록 곱게 단장한 가을 풍경은 그야말로 환상적이다. 게다가 가을바람에 몸을 내맡긴 보풀보풀한 억새들의 군무(群舞)는 또 어떤가.

정말 아름답다. 아름답다는 말로는 신에 차지 않는다. 그렇게 아름답다. 옛 사람들이 우리나라를 금수강산이라고 했다. 정말 그렇다. 이렇게 아름다운 우리나라의 가을.

경전에 나오는 불국토가 이만큼 아름다울까. 아마도 우리의 금수강산이 더 아름답지 않을까.

부처님 용서하세요. 우리나라가 더 아름답습니다.

이 가을, 북핵(北核) 앞에 노출된 채 갈 길을 몰라 갈팡질팡하고 서로 손가락질하며 아귀다툼을 하고 있는 대한의 중생들을 잔잔한 미소로 굽어보고 계실 부처님이 사무치게 그립습니다. 갈 길을 일러주세요.

흰 나리꽃

– 정옥녀 선생을 기리며

들녘에 흰 나리꽃 한 송이
곱게 피어 그 향기 그윽하더니
오늘 그 꽃잎을 접고 홀연히
이승을 떠나니 오호 오호라

모진 비바람 불어 닥치고
매서운 눈보라가 휘몰아쳐도
가녀린 줄기로 곧게 서서
한결같은 믿음과 정진으로
굳건히 견디며 꽃을 피우고
그 향기 고루 베풀더니만

어이 그리 서둘러 떠나시었소
왕생길이 그리도 급하시던가
흰 나리꽃 스러진 들녘에 서서
사무치는 이 마음 어찌 달래나

이승의 한 감로수로 씻어내고
부디 부디 정토에 왕생하시어
[1]윤회전생 해탈하시고 영원토록 1輪廻轉生
미타 품에서 만복을 누리시라

정옥녀 선생. 불교음악에 조금이나마 관심이 있는 분은 거의 알고 계시리라. 지난 10월 초 이승을 떠나셨다. 수년 전에 암 수술을 한 일이 있는데 아마도 그것 때문에 빨리 가신 것 같다. 애석하고 안타깝다.

워낙 낙천적이고 활달한데다가 속내는 통 내색을 하지 않는 분이라 가까이 있던 사람들도 그토록 심각한 걸 몰랐던 것 같다. 그래도 그렇지 그 지경이면 알릴 사람에게는 말을 했어야지.

1974년, 신도단체 《삼보법회》가 풍전호텔 3층에서 불교계 최초로 일요법회를 개설했었다. 거기서 우리나라 최초의 불교합창단이 창립되었을 때 정옥녀 선생이 합창단원으로 참여한 이래 떠나시는 날까지 불교음악에 몸과 마음을 다 바치셨다. 바로 불교음악 그 자체였다. 부음을 듣고 그 충격으로 잠시 다리가 후들거릴 지경이었다. 부디 극락왕생하소서.

행복하세요

우리 모두 행복하게 살아요
눈보라 치고 비바람 몰아쳐도
믿고 의지할 식구들이 있고
정이 넘치는 포근한 우리 집

우리 모두 행복하게 살아요
힘겹고 거친 덧없는 사바지만
서로 도와줄 붓다의 형제들
자비 넘치는 무궁화 금수강산

불기 2551년 단군기원 4340년 정해년 새해가 열렸습니다. 어른은 어른대로 청소년은 그들대로 모두가 살기 어렵다고들 합니다. 경제가 어렵고 사회의 질서는 날이 갈수록 어수선해서 하루도 조용할 날이 없습니다.

이런 저런 이유 때문에 서울 거리는 매일 붉은 머리띠를 두른 데모꾼들이 거리를 누비고 날마다 늘어나는 자동차는 넓은 길을 메우고 지척거리고 있습니다.

대학 진학을 앞둔 학생들은 복잡한 입시요강 때문에 어찌할 바를 몰라 갈팡질팡 갈 길을 못 찾아 허둥대고 있습니다. 그런가 하면 어린 초등학생들마저 미국으로 중국으로 호주로 유학을 간다고 야단들입니다. 아빠는 한국에서 외기러기 신세가 되고 엄마는 아이들 데리고 말도 안 통하는 외국에서 어려운 나날을 보내고 있습니다.

돈 있는 사람들은 풍광 좋은 나라로 골프를 치러간다고 합니다. 그런 그늘에는 영하의 겨울 날 끼니를 걱정하는 어린이들이 수없이 많다고 합니다.

예부터 넉넉지는 못해도 이웃끼리 정을 주고받으며 오순도순 살아온 우리였는데 정신을 차리지 못할 정도로 급속하게 변화하는 현대문명 앞에 넋을 잃고 말았습니다.

그러나 우리는 반 만년을 이어온 뿌리가 있고 자랑스러운 붓다의 가르침이 있습니다. 오늘도 꺼지지 않은 붓다의 자비광명이 우리를 비추고 있습니다.

붓다시여. 거룩하신 붓다시여. 우리는 결코 좌절하지 않을 것입니다. 다시 몸과 마음을 추슬러 올 한해 열심히 살 겁니다. 손에 손 잡고 서로 도와가며 붓다의 가르침대로 살아갈 것입니다.

나는 일체의 승자

– 世尊의 自覺宣言

나는 일체의 [1]승자 일체의 [2]지자
그 어떤 법에도 속박되지 않으며
일체에서 벗어나 [3]갈애를 끊고 [4]해탈하여
스스로 깨달았으니 내게는 스승도 없고
[5]인천 [6]세간에는 나와 비길 자 없어
나는 세간의 [7]응공 [8]무상사이며 [9]정각자
[10]청량하고 [11]적정하니 [12]무명의 [13]사바에
[14]법륜을 굴리고 [15]감로의 [16]법고를 울리리라

1 勝者 2 智者 3 渴愛 4 解脫 5 人天 6 世間 7 應供 8 無上士正覺者
9 淸凉 10 寂靜 11 無明 12 娑婆 13 法輪 14 甘露 15 法鼓

석가세존께서 보리수 아래의 금강보좌에서 대각을 이루시고 초전법륜(初轉法輪)하시고자 바라나시의 녹야원으로 가시던 중 우파카라는 외도(外道)가 범상(凡常)치 않은 세존을 뵙고 「누구의 제자며 누구의 가르침을 신봉하시오?」 하고 질문을 했다.
세존께서는 「나는 일체의 승자 / 일체지자 / 일체제법에 속박되지 않으며 / 일체에서 벗어나(捨離) ……」하고 계송(偈頌)으로 대답을 하시었다.
인간으로서는 최고의 경지에 이른 붓다의 선언이었다. 일체승자 · 일체지자로서 하늘과 땅 사이 이 세간에 비길 데 없는 정각자라는 것을 분명히 하신 것이다.
그 후 세존을 직접 우러러 뵌 사람들은 한결같이 무등등(無等等) 무비(無比)라고 찬탄했으며 「사람 중에서 가장 훌륭한 분(人中最勝)」이라고 우러르며 여래 · 응공 · 정각자로서 예경(禮敬)했다.
그 게송을 쉽게 해석해보았다. 기독교에서는 예수를 슈퍼스타라며 뮤지컬을 만들어 공연을 한다. 비교인들도 많이 관람한다는데 불교에서는 왜 《스타 중의 스타이시며 대장부 중의 대장부(大雄)이시며 뭇 중생의 어버이(四生慈父)》이신 붓다를 찬탄하는 뮤지컬 공연을 못할까.
세존의 이 위대한 자각선언을 어느 날에나 뮤지컬로 들을 수 있을까? 안타깝고 안타깝다.

봄

오솔길 따라 산에 오르다
옛길을 찾았네 잊혀져서
아무도 몰라 발길 끊겼던
옛길을 찾았네 그 옛날
세존께서 [1]고성을 찾았듯이
오솔길 따라가 옛길 찾았네

잘 꾸며진 정원 아름다운 못
근심도 걱정도 탐욕도 없어
다툼도 없고 미움도 없는
너와 내가 하나 되는 [2]정토
칠보로 빛나는 자비의 나라
오솔길 따라 봄 맞으러 가세

1 古城　2 淨土

페니실린이라는 약이 있다. 이 약은 1928년 알렉산더 플레밍(A. Fleming)이 우연히 발견했다고 한다. 이 약 덕분에 인류가 많은 질병을 극복할 수 있게 되었다. 그 플레밍은 『나는 페니실린을 발명하지 않았다. 자연이 만든 것을 발견했을 뿐이다』라고 겸손해서 사람들을 더욱 감동시켰다.

그런데 3천 년 전에 석가세존께서도 이런 말을 하셨다. 어느 날 제자들에게 『이제까지 듣지 못했던 법을 통해 눈이 열리고 지혜가 생기고 무명(無明)에서 벗어났다』고 하시면서 『이 법은 내가 새로 지어낸 것이 아니라 내가 태어나기 전에도 있었고 죽은 뒤에도 있으며 불교의 세계에만 있는 것이 아니라 다른 세계에도 있다. 이는 상의성(相依性)인 것이다. 나는 이를 깨닫고 이를 알았을 뿐이다』라고 하시었다.

이 법은 세존께서 이 세상에 나건 나지 않건 이미 확립되어 있는 엄연한 진리라는 뜻이다. 다만 세존께서 이를 증득(證得)하고 중생들에게 가르치시기 전에는 아무도 몰랐을 뿐이다. 그래서 세존께서 『나는 고도(古道)를 발견했다』고 하신 것이다. 봄이 오는 길목. 이 진리의 길을 찾아 나서야겠다.

불세존이시여

석가세존이시여
삼계의 중생을 이끌어주시는 [1]도사이신
석가세존이시여

석가세존이시여
[2]사생을 품어주시는 자비하신 어버이신
석가세존이시여

석가세존이시여
[3]삼세에 으뜸이신 석가세존이시여
석가세존이시여

석가세존이시여
하늘과 땅 사이의 [4]대장부이신
석가세존이시여

여래 응공 정변지 명행족 선서 세간해
무상사 조어장부 천인사 불세존이신
석가세존이시여

1導師 2四生 3三世 4大丈夫

어느 날 문득, 그토록 절절하게 석가세존을 외치고 싶어져 –
「세존이시여. 세존이시여. 석가세존이시여」 외치고 또 외치고.
무아지경, 정신없이 외쳤다. 「세존이시여. 세존이시여. 석가세존이시여」
어느새 감동과 감사의 눈물이 눈을 흐린다. 뿌옇게. 「세존이시여 …… 」

까닭 없이 마음이 울울(鬱鬱)할 때, 서러울 때, 외롭고 쓸쓸할 때, 그 누군가가 사무치게 그리울 때…… 「세존이시여 …… 」

내 곁에서 지켜주실 세존이 계시기에 이 사바의 고해에서 견딜 수 있는 게 아닐까. 그래서 또 한없이 고마우신 석가세존이시다.

밝은 빛 붓다시여

탐욕을 부리고 성내는 마음으로
괴로움의 바다에서 헤매던 우리
햇살보다 더 따뜻한 자비로
포근히 감싸주는 빛을 보았네

샘물처럼 맑고 시원한 법으로
마음의 찌든 때를 씻어 주시는
붓다의 가르침 마음으로 따르면
괴롬에서 벗어나 나날이 좋은 날

밝은 빛 붓다시여 공덕의 어버이
몸과 맘 다해서 우러러 따르리

4월 초파일. 부처님 오신 날을 맞아 다시 한 번 붓다의 공덕을 마음에 새긴다.

19세기 말에 반쯤 부러져 땅에 떨어져 풀숲에 묻혀 있던 돌기둥(石柱)이 발견되었다. 그 옛적 아쇼카왕(阿育王)이 세운 것이었다. 그 기둥에 『천애희견왕(天愛喜見王)이 즉위(卽位) 20년 되는 해에 친히 이곳에 이르러 공양을 올렸다. 여기가 바로 붓다 샤캬무니가 태어난 곳이기 때문이다. 그리고 돌을 깎아 마상(馬像)이 있는 돌기둥을 세운 것은 세존이 이곳에서 탄생했음을 기념하기 위해서다』라고 새겨져 있었다.

천애희견왕이란 고대인도 마우리아왕조 제3대왕인 아쇼카왕을 말한다. 아쇼카왕은 서쪽의 아프가니스탄 · 아라코시아를 포함한 전 인도를 통일한 역사적 인물이다(治世 DC 268~232). 왕위에 오르고 8년쯤 되었을 때 하가링가를 정복하고 나서 그 처참한 참상을 보고 크게 뉘우쳐 다시는 무력으로 정복하지 않고 법으로 정복하겠다고 결심하고 불교에 귀의한 후 불법을 널리 편 왕으로 유명하다.

독실한 불자인 아쇼카왕이 붓다께서 태어난 고장 룸비니를 방문하여 공양을 올리고 기념탑을 세운 것은 지극히 자연스럽고 당연한 일이 아니었을까.

붓다는 이처럼 분명한 역사적 실존인물로 크게 깨달으신 성인 중의 성인이시다. 마치 초인적인 존재처럼 신격화한 신비에 싸인 붓다가 아닌 인간 샤캬무니의 참 모습을 보아야 한다. 인간 붓다의 체온을 느껴야 한다.

어스름달밤

어둠 사이로 속삭이듯 부는 바람
밤하늘의 구름 사이 어스름 달빛
외로이 서녘 향해 더딘 걸음으로
가는 듯 멈춘 듯 중천에 지새는 밤
내 마음의 어스름달도 덩달아
가는 듯 멈춘 듯 머뭇거리는 밤
동녘이 붉게 물드는 흰 새벽에
재 너머의 쇠북이 길게 울던 날

유난히 외로움을 타는 건가? 언제부턴가 어두워지면 밤하늘을 우러러 보는 버릇이 생겼다. "아, 초승달이네" 하고 외로워한다. 반달을 봐도 외롭고 보름달을 봐도 외롭고 그믐달을 봐도 외롭고. 달빛이 밝으면 밝아서 외롭고 구름에 가려 보이다 안보이다 하면 그래서 또 외롭고. 오늘처럼 날이 흐려 달이 어스름하게 보이면 그래서 또 외롭다. 달이 안 보이는 그믐께는 달이 없어서 또 외롭고. 이래저래 밤하늘을 우러르고 외로움을 많이 탄다.
그렇다고 주눅이 들거나 풀이 죽어 목을 외로 꼬고 청승을 떨지는 않는다. 외로우면 외로운 대로 스스로 달랠 줄도 안다. 그래서 혼자 외로워하고 또 혼자 달래주고, 그러면서 그걸 즐기는 지도 모른다.
인간은 원래 외로운 존재라지 않는가. 혼자 와서 가족을 이루고 살다가 갈 때도 혼자 간다. 아함경에 『네 부인』이라는 짧은 경이 있다. 죽을 때가 된 한 부자가 마누라에게 같이 가자고 했다. 그러자 첫째 · 둘째 · 셋째 마누라는 모두 거절했다. 마지막으로 궂은일만 시키고 천대했던 넷째 마누라에게 묻자 여부가 있겠느냐며 따라가겠다고 했다.
첫째 마누라는 우리의 육신, 둘째는 재물, 셋째는 가족 · 친척을 마누라로 비유한 가르침이다. 넷째는 우리의 마음이다. 3독심(毒心) · 5욕락(慾樂)을 채우기 위해 양심을 얼마나 학대하고 괴롭혔나. 결국 갈 때는 내 마음만 나를 따른다. 마음이 곧 부처(佛性)라고 하지 않는가. 그래서 부처인 내 마음을 아끼고 닦아야 한다.

붓다에 귀의하는 까닭은

거룩하신 붓다에 귀의합니다
몸을 던져 붓다를 따르렵니다

이렇게 예경을 드리는 것은
붓다가 두려워서가 아닙니다
어떤 이익을 바라서도 아니며
명예를 얻고자 해서도 아닙니다
권세가 부러워서도 아니옵니다

모든 것을 포용하는 가없는 자비
비길 데 없이 미묘한 지혜를 닮아
거칠고 고단한 윤회의 바다를
안락하게 건너기 위해섭니다

거룩하신 붓다에 귀의합니다

우리는 법당에 들어가서 절을 하고 염불을 하고 참선을 한다. 무엇 때문에. 왜 절에 가고 백팔 배를 올리고 기도를 하는 것일까.
내가 지은 업 때문에 벌을 받는 것이 두려워서일까? 전생에 지은 크고 작은 악업에 대한 업장을 소멸해달라고 붓다에 아첨을 하고 있는 것일까?
아니면 금시발복, 어느 날 복권이 당첨돼서 팔자라도 고쳐볼까 하는 마음에서 절에 드나드는 것일까? 가부좌를 틀고 앉았다가 벼락 치듯 한 소식 듣고 6신통이라도 하게 되기를 바라고 절에 가는 것일까?
언뜻 대답하기가 어렵다. 붓다에 귀의하는 참뜻을 정확히 아는 사람이 과연 얼마나 될까? 향내 자욱한 부처님 앞에 고요히 앉아 속내를 한 번 점검해 볼 일이다.

붓다의 참다운 제자

사슴이 덫에 걸려 목숨을 잃고
물고기가 미끼를 쫓다가 낚이고
원숭이는 먹잇감에 홀려 잡히듯이
오욕에 사로잡혀 악업을 짓네

부질없는 욕망에 온갖 죄 짓고
어리석은 생각으로 미망에 홀려
바른 지혜 멀리하니 재앙을 만나
덧없는 인생살이 더욱 괴로워

내 목숨 지키려고 독사를 쫓듯
욕망을 물리치고 마음 닦으면
미망에서 헤어나 지혜 얻으니
안락한 마음으로 붓다를 보리

어느 날 붓다께서 녹야원의 제자들에게 법을 설하시었다.

『이 세상에는 바위에 새긴 글자와 같은 사람, 모래밭에 쓴 글자와 같은 사람 그리고 물에 쓴 글자 같은 사람, 이렇게 3가지 사람이 있다.

바위에 새긴 글자는 세월의 풍상에도 지워지지 않듯이 좀처럼 자신의 잘못을 고치지 못하는 사람, 이는 바위에 새긴 글자 같은 사람이다.

모래밭에 쓴 글자는 곧 사라지듯이 화를 내고 욕망을 부리지만 곧 잘못을 뉘우치고 바로잡는 사람, 이는 모래에 쓴 글자와 같은 사람이다.

물에 쓴 글자는 쓰는 즉시 흔적도 없이 사라지듯이 화가 나거나 욕망이 생겨도 마음에 담지 않고 바로 흘려버려 안락하게 사는 사람, 이런 사람을 물에 쓴 글자와 같은 사람이라 한다.』

짐승이나 물고기는 미끼나 먹잇감에 홀려서 잡혀 목숨을 잃는다. 만물의 영장이라 자부하는 사람들도 오욕(五慾)에 사로잡혀 삶을 망치는 어리석음을 저지른다. 나는 어디에 쓴 글자일까. 짐승이나 물고기보다는 나은 사람일까.

진정 나를 사랑한다면

자신을 진정으로 사랑하다면
진득하게 자신을 잘 지키고
욕망과 고(苦)에서 벗어나려거든
힘써 바르게 배우고 닦으라

나 자신이야말로 나의 스승
딴 스승을 찾아 헤매지 마라
자신을 스승으로 삼는 자는
진정한 법(法)과 지혜를 얻으리라

법구경 기신품(己身品)에 있는 가르침이다. 나를 끔찍히 여기고 아껴주는 사람은 부모? 배우자? 자식? 친구? 다 아니다. 나의 목숨을 대신 해줄 사람은 아무도 없다. 결국 나를 사랑하고 지켜줄 사람은 바로 나 자신이다.

그런데 우리는 자신을 잘못 사랑하고 있다. 자신의 육체, 욕망, 재물, 영예를 사랑하고 있는 것이다. 요즘 가짜 학위로 교수가 되고 유명 화랑의 큐레이터가 되어 세상을 떠들썩하게 한 그 여인이 바로 이런 사람이다.

3천 년 전에 석가세존께서는 이런 사람을 경계하신 것이다. 진정『나』를 사랑하려거든 허울만의『나』(假我)를 사랑하지 말고 참나를 사랑하라고 하신 것이다.

그러려면 바르게 배우되 잠도 아끼지 말라(學正不寢),「바르게 배우고 꾸준히 닦으라」고 하시었다. 그리고 이어서「자신의 마음을 스승으로 삼으라(自己心爲師)」고 하시었다. 자신이 일탈(逸脫)하지 않고 자신을 바르게 지키도록 제어(制御)하는 것이 바로 자기 자신이라는 것이다.

석가세존께서 열반에 드시기 전의 유훈(遺訓)도 바로『자등명(自燈明), 법등명(法燈明)』이다.

우리는 나 자신도 사랑할 줄 모르는 무지렁이인 것이다. 얼마나 부끄럽고 딱한 존재인가. 세존이시여 열심히 배우고 닦겠습니다.

세월 속으로

노을이 빨갛게 서녘에 번져
오늘 하루도 저물어 가는가
뻔히 오지 않을 걸 알면서도
찻길에 나가 우두커니 서서
누군가를 줄곧 기다리다
발길을 돌린다 터벅터벅

지고 남은 패랭이 몇 송이가
저무는 하루해 아쉬워서 울컥
눈물을 삼키며 고개 숙일 때
한 줌의 노을을 품에 안고서
가물한 추억을 되새김 하며
다시 세월 속으로 흘러가네

올 한해도 뉘엿뉘엿 저물어가고 있다. 아침저녁 서늘해지며 산이며 들이 온통 단풍으로 물들었다.

세월은 인력으로 막을 수 없는 것. 그저 세월 따라 갈 수밖에 없지 않은가. 세월이 약이라던가? 그렇다 세월이 약이다. 세월이 흐르면 모든 게 해결된다. 기를 펴고 뻗어나든 끝장나서 고꾸라지든. 덧없는 세월 속에서 웃고 울며 세월을 따라간다.

이렇듯 사람들은 흐르는 세월에 모든 것을 흘려보낸다. 아니 빼앗긴다고 해야 옳은가? 젊음도 야망도. 불길처럼 솟구치던 욕망도. 하늘 높은 줄 모르던 교만도.

붓다께서 출가하시고 얼마 안 되었을 때 젊은 출가자들에게 『나는 출가하기 전에 청춘의 교만에 취해 늙음이 시시각각 다가오고 있다는 것을 잊고 살았다(壯年憍). 건강하니까 언제 덮칠지 모르는 병에 대해 생각도 하지 않았다(無病憍). 허공으로 피하고 동굴에 숨어도 바다 속 깊이 도망쳐도 죽음의 손길이 닿지 않는 곳이 없다는 것을 미처 생각지 못했다(活命憍)』고 교만과 방종을 경계하시었다.

인생은 덧없다는 것(無常)을 알아가는 과정인가보다. 돈도 명예도 사랑도.

세존께서는 평생 이 무상을 설하시었다. 무상을 알면 악인도 없고 악행도 사라지고 감옥도 없어질 것이다.

눈을 맞으며

눈이 풀풀 내리는 외진 길로
자박자박 발걸음 헤며 걷는다
어디로 갈까나 날은 저무는데
언 손 봉창에 꾹 찔러 넣고
어둠이 내리는 하늘 우러러
하염없이 하염없이 걷는다

외로움도 원망도 그리움도 다
멀리서 들리는 종소리에 실어
눈 내리는 밤하늘에 다 날리고
자박자박 발걸음 헤며 걷는다
흰 눈이 세상을 소복이 덮듯이
마음도 하얗게 비우고 걷는다

지난 23일이 소설(小雪)이었다. 이제 대설(大雪) · 동지(冬至)만 지나면 겨울의 막바지인 소한(小寒) · 대한(大寒)이다. 1년의 24절기가 끝나고 다시 한 해가 시작되는 입춘(立春)이다(1월 上旬). 봄이 오는 것이다.

20여 일만 있으면 새로운 대통령을 뽑는다. 지난 5년? 10년? 대부분의 국민들이 조바심을 하면서 고달픈 세월을 보냈다고들 한다. 불안과 갈등의 세월이었다고도 한다.

이번에 새로 뽑히는 대통령은 앞으로 5년 동안 모든 국민이 편안하게 살아갈 수 있도록 이끌어주기를 바라며 우리도 마음을 하얗게 비우고 안락하게 살 수 있게 되기를 바라는 마음 간절하다.

국민들의 바람은 지극히 소박하다. 큰 걸 바라지 않는다. 소요(騷擾)와 갈등 없이 이웃과 오순도순 살면 더 바랄게 없다. 노력한 만큼만 받으면 억울해 하지도 않는다. 남이 노력해서 잘 산다고 배 아파할 까닭도 없다. 나도 그만큼 노력해서 더 받고 넉넉히 살면 되지 뭘 더 바라겠는가. 공평하지 못하니까 억울해 하는 것이다.

이제 한 달만 있으면 이 해가 저물고 새해가 된다. 부디 새해에는 나날이 좋은 날만 있었으면 좋겠다.

동지 팥죽

작은 설 동짓날 팥죽을 먹는다
묵은 죄 한 알의 *샐심으로 빚어
송알송알 띄운 팥죽을 먹는다
언짢았던 일들을 모든 *가시듯이

철없는 꼬맹이는 맛으로 떠먹고
시집 못간 처녀는 소태 먹듯이
백수 아버지는 한숨 타서 떠먹고
갈퀴손 엄마는 몰래 눈물을 닦네

세존이시여 사바의 저들을 보소서
동지 죽 먹는 저들을 굽어 살피소서
가슴의 시름 걱정 자비로 닦으시고
크고 작은 죄 감로수로 씻어주소서

* 샐심 = 새알심의 줄임말
가시다=깨끗이 씻다

요즘은 온난화 때문에 다소 흐려지긴 했어도 우리나라의 4계절은 뚜렷하다. 더구나 스물넷으로 나누어 놓은 절기는 영락없다. 입춘이 지나면 늦추위로 물이 얼어도 갯가의 버들강아지는 움이 튼다. 입추가 지나면 숨 막힐 듯이 덥던 여름도 고개를 숙여 아침저녁 서늘해진다. 참 신기할 만큼 잘 들어맞는다.

이런 24절기는 태양력이기 때문에 매월 상순에 한 절기, 하순에 한 절기가 배당되어 12달에 24절기로 나뉜다.

12월 하순에 들어있는 절기가 바로 동지다. 이 동짓날이 실질적인 새해의 시작이므로 작은설(亞歲)이라고 한다. 기독교가 가장 성대하게 떠드는 이른바 크리스마스 이틀 전 혹은 사흘 전이다. 유럽에서도 이 날을 새해의 시작으로 보고 오랜 예부터 성대하게 민속축제를 펼쳤다. 기독교가 바로 이 날을 예수의 탄신일로 삼은 것이다. 그래서 동짓날과 크리스마스가 이틀 차 밖에 안 난다.

이제 섣달 소한(1월 상순), 대한(1월 하순) 만 지나면 입춘(2월 상순) 곧 봄이다. 부디 묵은 해의 앙금을 말끔히 떨쳐내고 새해에는 날마다 좋은 날만 있기를 축원하자. 대통령도 새로 뽑았으니 모두가 행복한 무자년이 되었으면 좋겠다.

해 돋 이

새해 첫날 아침의 해가 뜬다
황금가루 뿌린 듯 찬연한 햇살
금수강산을 고루고루 비추라
탐욕도 미움도 원망도 모두
황금처럼 아름다운 마음 되어
어두운 그늘이 양지되도록

우리 모두 햇살 같은 맘으로
서로 비추어 만복을 누리세

무자년 쥐의 해가 밝았다. 해마다 새해를 맞으며 이런 저런 꿈을 그려본다. 궂은일은 생기지도 말고 행복한 일만 생기길 바란다. 그리고 이루지 못한 일들이 다 이루어지길 바란다. 그러나 인생살이가 그리 만만한가. 바라는 일보다는 바라지 않는 궂은일이 더 많은 것 같다. 오죽하면 오욕(汚辱)과 괴로움을 참고 견디어야 하는 인토(忍土) 곧 사바(娑婆)세계니 괴로움의 바다(苦海)니 하겠는가.

그러나 불교에서는 마음만 바꾸면 사바가 곧 극락이라고 한다. 괴변 같지만 곰곰이 생각해보면 그럴 것도 같다.

슬픈 마음일 때 바라본 달은 청승맞고 쓸쓸하다. 그러나 사랑하는 연인과 나란히 앉아서 쳐다본 달은 아름답고 낭만적이다. 달이 시시때때로 이랬다저랬다 하는 건 아니지 않은가. 달이 그렇게 느껴지는 것은 오직 내 마음의 탓이다. 그러니 고해인 사바도 생각하기에 따라서는 극락이 될 수도 있지 않은가. 그래서 모든 것은 마음의 조화(一切唯心造)라고 하는가보다.

사람 마음에 10가지 세계(十界)가 있다고 한다. 지옥계, 아귀계 …… 보살계, 불세계 등. 그러니 미워하고 시기하고 탐욕을 부리고…… 이 모두 마음이 시키는 짓 아닌가. 내 마음의 주인은 나다. 주인인 내가 마음에 휘둘려서야 되겠는가. 마음의 고삐를 꽉 잡고 내 마음을 내가 다스려야 한다.

올해는 마음의 고삐를 잡고 아름답고 바르고 착한 짓만 하도록 노력해보는 게 어떨까. 한번 해보자고요.

물러가라 파피야스여

1. 봄이로세 봄이로세 꽃 피는 봄
햇살은 따뜻하고 새싹 돋으니
젊은 그대여 화창한 봄날에
젊음의 즐거움을 멀리하고
이루지 못할 깨달음을 찾는가
오라 나와 같이 봄을 즐기세

2. 물러가라 교활한 파피야스여
나는 너의 속내를 이미 아느니
겉으론 요염하나 악을 품고서
욕망의 불길로 태우려 하나
나의 뜻 요지부동 어림없느니
두렵지 않은가 진리의 햇살이

3. 앙상한 몸 얼굴은 죽음의 빛
죽음이 가까우니 어서 일어나
나를 따라 인생의 봄 즐기라
사는 것이 죽음보다 즐겁거니
젊은이여 아까운 인생의 봄
어서 나와 같이 봄을 즐기세

4. 살은 빠져 앙상하지만 마음은
깊은 바다 속처럼 고요하며
짙푸른 저 허공처럼 투명하이
욕망은 사라지고 지혜 깊어져
위없는 보리를 내가 이루니
나는 붓다다 물러가라 파피야스

음력 2월 8일(3월 15일)은 석가세존께서 출가하신 날이고 1주일 뒤인 22일(음 2월 15일)은 세존께서 열반에 드신 날이다.

잘 알다시피 세존께선 카피라바투(伽毘羅城)의 태자로 태어나 이 세상에 부러울 게 없이 호강을 하고 살았다. 그러나 젊은 태자는『인간은 모두 늙고 병들고 죽음을 피할 수 없을 뿐 아니라 치열하게 타오르는 불꽃같은 욕망과 어리석음으로 고뇌 속(苦海)에서 살다 죽는다. 이 고뇌에서 헤어날 길은 없는 것인가』하는 생사문제를 진지하게 사색한 끝에 모든 것을 버리고(放棄) 출가했다.

태자 싯다르타는 6년 동안 고행을 했으나 해답을 얻지 못하자《내 깨달음을 얻기 전에는 결코 이 자리에서 일어나지 않으리라》고 결심을 하고 보리수 아래 가부좌를 틀고 앉아 사색을 했다. 사색을 하면서 숱한 갈등과 약해지려는 자기 자신의 마음을 극복하고 마침내 대각(大覺)을 이루시어 붓다가 되시었다.

파피야스는 세존의 사색을 끈질기게 방해한 마왕의 이름이다. 마왕은 곧 내면의 갈등 의문을 상징한다. 전통적인 경에 보면 세존을 갖가지 방법으로 끝까지 괴롭히는 마왕과의 말싸움 곧 기싸움이 매우 리얼하고도 실감나게 묘사되어 있다. 거의 시 형식(偈頌)으로 되어 있으며 문학적으로도 높이 평가할만하다.

님도 오시려나

오솔길의 살얼음을 밟고 걷다
문득 먼 산을 보니 산허리의
엷은 안개가 봄기운을 품고서
모락모락 피어오른다 아하
봄이 오는구나 연둣빛 봄이
행여 그리운 님도 오시려는가

어느 핸가 이맘 때 떠난 님
해마다 연둣빛 봄이 필 때면
불현듯 님 생각에 시름시름
가슴앓이 도지면 달포나 간다
올해는 모진 맘으로 이겨내야지
행여 님이 온대도 어림없다고

그리도 그리던 님이 한 해가 가고 두 해가 가도 종무소식(終無消息)이라 못내 잊지 못하면서도 몹시 토라졌나 보다. 이젠 님이 온다 해도 눈길도 주지 않겠다고 혼자 다짐한다. 얼마나 그립고 얼마나 서운하기에 토라지고 말았을까.

지난 15일은 싯다르타 태자가 궁을 떠나 출가한 날이고 22일은 고타마 붓다께서 열반에 드신 날이었다. 쿠시나가라의 사라나무 숲에 이르렀을 때 세존께서 아난다에게 분부하시었다. 『등이 몹시 아프구나. 좀 누워야겠다』고. 시자 아난다는 자리에 누우신 세존 옆에서 소리를 죽여 오열했다.

《아, 스승께서 이제 가시려나보다. 아직 배우고 여쭈어야 할 게 많은데……. 이 슬픔을 어찌 할고》 가슴을 부여잡고 오열하는 아난다에게 이르시었다. 『내가 늘 이르지 않았더냐. 태어난 것은 잠시 머물지만 쇠(衰)하여 마침내는 죽는다고. 내가 죽은 뒤에는 나의 가르침을 스승으로 삼아 정진하여라(法燈明)』

세존께서는 마지막 법을 설하시고 열반에 드시었다.

그렇다. 세존께서 이르시었지. 애틋하게 여기는 것은 언제고 잃게 되며(愛別離) 난 것은 반드시 멸한다고(生住異滅). 이 이치를 알고 나면 슬플 것도 없고 토라질 것도 없으련만. 올해는 가슴앓이를 하지 않아도 될 것 같다.

나는 붓다다

나는 이렇게 [1]사유했고 이렇게
악을 멀리하여 행을 닦아서
지혜와 큰 덕을 고루 갖추고
모든 악을 물리친 [2]대승리자
무명을 벗어난 지혜의 성자
갈애와 고뇌에서 [3]해탈하여
하늘과 세간의 붓다 되었으니
나는 세간의 [4]응공 [5]무상사다
나와 비길 자 없는 [6]정각자
이제 법의 수레를 굴리느니
감로의 문이 활짝 열리었다
그대들 나처럼 이 길로 오라

1 思惟 2 大勝利者 3 渴愛 4 應供 5 無上士 6 正覺者

석가세존께서 보리수 아래에서 정각(正覺)을 이루시고 스스로「드디어 나는 붓다가 되었다」고 자각(自覺)하시고 바라나시의 녹야원으로 가시는 길이었다. 맑은 안색, 수려(秀麗)한 용모의 붓다. 늠름하면서도 조용한 걸음걸이. 마치 황금색을 띈 듯한 몸매에서는 은은한 광채가 비치는 듯했다.

저 앞에서 마주 오던 외도(外道) 우파카는 발을 멈추고 그 자리에 꿇어 앉아 세존을 우러르며「그대는 누구의 제자이며 어떤 교법을 신봉하시오?」하고 여쭈었다.

「나는 일체의 승자(勝者). 일체 지자(智者). 일체 제법(諸法)에 속박되지 않으며 일체에서 벗어나 갈애(渴愛)를 끊고 해탈하여 스스로 증지(證智)했으니 누구를 나의 스승이라 하랴. 내게는 스승도 없고 나와 비등(比等)한 자도 없고 인천(人天) 세간에는 나와 비길 자도 없소. 나 혼자 정각자(正覺者). 청량(淸凉) 적정(寂靜)이라. 이제 법륜(法輪)을 굴리고자 카시성으로 가는 길. 무명(無明)의 세간에 감로의 법고를 울리고자.」

감히 그 누구도 생각하지 못했고 또 할 수도 없는, 이 얼마나 엄청난 자신감의 발현(發顯)인가. 이것이 바로「천상천하 유아독존」의 자각선언(自覺宣言)인 것이다.

불탄일을 앞두고 붓다를 생각(念佛)해본다. 명(命)이 다하는 그날까지 세존께 귀의하오리다. 가르침을 따르리이다. 붓다를 따르는 상가를 섬기오리다.

인생의 봄

아카시아 꽃이 피었군요. 어느새
아 머지않아 밤꽃도 피겠군요.
단단한 껍질을 뚫고 피어나는
가녀린 잎 새와 꽃들의 생명력
싱싱하고 찬란한 희망의 5월
꽃향기 싱그러운 계절의 여왕

젊음은 5월처럼 싱그러운 희망
배달의 얼 이어갈 나라의 보배
메마른 가지에서 새 순이 돋듯
올곧게 자라나는 든든한 생명력
허공처럼 가없는 희망 넘치니
젊음은 향기로운 인생의 봄

산들바람에 일렁이는 저 신록의 싱그러움. 눈이 부시게 찬란하다. 비길 데 없이 순결하다. 3천리 강산 방방곡곡이 이토록 싱그러운 이 5월. 정녕 5월은 계절의 으뜸이다.

이처럼 좋은 계절에 난데없는 촛불의 함성으로 날이 지샌다. 어린 고등학교 학생들이 촛불을 들고 거리를 휩쓸고 있다. 이 어찌된 일인가. 순수하지 못한 어른들의 시비 갈등이 그 어린 것들을 거리로 내몬 것이다.

어느 누구의 잘못을 탓하기 전에 지금 우리는 바야흐로 마음을 모아 글로벌시대에 걸맞은 일대 도약을 해야 할 때다. 그리고 차근차근 민족의 숙원인 남북통일 준비를 해야 할 때다. 학생들은 세계 여러 나라의 학생들과 겨루어 그들을 앞질러 나아갈 수 있는 실력을 길러야 할 때다. 나라일은 어른들에게 맡기고 큰 꿈을 이루기 위해 밤을 도와 탁마해야 한다.

이제 곧 6월이다. 본격적인 여름이 시작되는 6월은 한국인의 가슴이 아린 달이다. 현충일 · 6.25사변일이 들어있는 슬픈 달이다. 대한민국이 어떻게 세워졌으며 어떻게 자라왔는가. 적잖은 희생과 나라 위한 충정으로 세계 10위권의 경제대국으로 우뚝 서지 않았는가. 건국 60년을 맞으면서 그들의 은혜를 모르고 부정하고 폄하하는 일부 어른들도 이젠 정신을 차릴 때다. 근본 뿌리 없는 나무가 무성하게 자랄 수 있겠는가. 내 부모 내 조상을 헐뜯는 것은 바람맞이에서 흙을 뿌리는 어리석음이다. 다 내가 뒤집어쓰게 된다. 인생의 봄을 맞은 이 나라의 젊은이들이여. 늘 깨어 있으라. 밝은 눈으로 바로 보고 바로 분별하라. 지혜로운 젊음을 허송하지 말라.

6월의 노래

싱그러운 산하 눈부신 햇살
창공의 흰 구름은 더 푸르러
싱그런 유월의 노래를 부르다
점점 슬퍼진다 화석이 된 6 · 25
켜켜이 쌓인 세월 속의 슬픔
노을이 유난히 붉게 타던 그날
폐허에 꽂은 비목도 붉게 울었지
이제는 잊을 법도 하건만 어찌
그날 흘린 눈물을 어찌 잊으랴
유월의 노래를 부른다 슬프게 슬프게

계절의 여왕 5월이 저물면 슬픈 6월이다. 6월은 슬프다. 산하(山河)는 한없이 싱그러운데 6월은 한없이 슬퍼진다. 6월은 현충일, 연평해전기념일, 6 · 25사변일이 줄줄이 이어진다. 반세기가 지났지만 참담했던 3년 1개월 2일 동안의 전란(戰亂)을 결코 잊어선 안된다.
미국 워싱턴DC에 한국전 참전 기념공원엔 판초(비옷)를 입고 총을 든 19명의 병사들이 묵묵히 걷는 동상이 있다. 그 옆에는 참전용사 2,500명의 얼굴을 새긴 검은색 기념비가 있다. 『미합중국은…… 국가의 부름을 받고 달려갔던 자랑스러운 우리의 아들과 딸들에게 경의를 표한다.』고 새기고 그 아래에 《자유는 공짜로 얻어지지 않는다.》고 새겨놓았다.
해마다 320만 명이 이 기념비 앞에 묵념을 한단다. 우리는 어떤가. 동작동의 국립묘지, 대전의 현충원 그리고 각 지역 전적지(戰跡地)에 있는 현충탑을 찾는 사람이 얼마나 될까.
6,25 때 한국군 전사자 14만여 명, 미군을 포함한 UN군 3만 6천여 명, 총 부상자 약 10만여 명, 실종 13여 명, 포로 약 2만 명이라고 한다(국방부 군사편찬위). 지금 이라크에서 전사한 미군이 약 3천여 명임을 감안할 때 당시의 전쟁이 얼마나 치열했었는지 짐작하고도 남을 것이다. 당시 완전히 폐허가 된 우리나라의 국민소득 67달러 총생산량 13억 달러. 지금 우리는 국민소득 3만 달러를 지향하고 있는 세계 10대 경제대국이다.
우리나라 사람들은 정이 많다고 한다. 그런데 유독 나라를 위해 목숨을 바친 이들에게는 왜 그리 매정할까. 포연(砲煙) 속에서 살아남은 당시의 참전용사들은 늙고 가난하다. 오직 나라를 지켰다는 자긍심(自矜心)만으로 살고 있다.
6월이 되면 세월의 단층에 묻혀있던 상흔(傷痕)이 빨갛게 덧난다. 그래서 슬퍼진다. 슬픈 6월의 노래가 언제나 끝날까. 역사를 왜곡하고 충정을 외면하는 나라는 결코 발전하지 못한다. 뿌리 없는 나무가 살 수 있겠는가. 6월의 노래를 부른다. 슬프게 슬프게.

나를 바라본다

한 발 물러서서 나를 바라본다
콩알만 한 작은 이익 때문에
눈을 부릅뜨고 아우성을 친다
조금만 돌려 생각하면 하찮은
일에 성을 내고 목청을 돋군다
누가 봐도 뻔한 일을 기어이
저지르고 나서야 후회를 한다
나는 업을 지어내는 업 덩어리

한 발 물러서서 나를 바라보니
욕심내고 성내고 어리석은 나

요즘은 어디를 가나 이른바 CCTV라는 게 있어서 나의 행적이 고스란히 찍힌다고 한다. 개인의 인권침해라는 비판도 거세지만 시대의 흐름은 어쩔 수가 없나보다.

아파트에서 나서는 순간 내 모습이 찍히기 시작한다. 승강기를 타도 찍힌다. 주차장에서도 찍힌다. 거리로 나서면 곳곳에 감시 카메라가 있다. 지하철을 타러가도 찍힌다.

일상의 내 모습은 과연 어떨까. 무슨 생각을 하고 어떻게 살고 있을까. 내가 나를 관찰해본다면 어떨까. 전에 『오구』라는 연극을 본 적이 있다. 죽은 어머니가 자신의 초상을 치르는 집안을 바라보는 이야기다. 죽은 어머니가 집안에서 벌어지는 일들을 바라보니 자식들의 행태가 가관이다.

내가 나를 바라보면 과연 어떨까. 아마도 가관일 게다. 절에 가서 108배를 하고 참선을 하고 집에서도 염주를 돌리며 간경(看經)을 하고……. 딴에는 불자다운 불자가 되려고 애를 쓰지만 그게 마음 같지 않다.

참선할 때 화두를 놓치지 말라고 한다. 잘 때도 화두를 놓지 말란다. 그런데 그게 쉽지가 않다. 가부좌 틀고 앉아 있자니 어느새 화두는 온데간데없고 느닷없이 어제 먹은 매운탕 생각이 왜 나는지.

참 어이가 없다. 어쩔 수 없는 사바의 업장덩어리 중생인가보다. 오늘도 나를 바라본다. 업덩어리인 나를.

우리의 얼 태극 깃발

보라 높고 푸르른 저 하늘에
거침없이 펄럭이는 배달의 얼
자랑스런 우리의 태극 깃발을
거칠은 세월의 풍랑 속에서
눈물과 땀 그리고 피로 지켜낸
우리 대한의 태극 깃발을

보라 온 세계 창공에 휘날리는
자랑스런 우리의 태극 깃발을

광복 63주년, 정부수립 60주년. 그 동안 우리는 나라를 지키기 위해 너무도 많은 것을 바쳤다. 100년도 안 되는 세월이었지만 그야말로 온갖 풍상을 다 겪었다. 민족상잔(相殘)의 아픔을 이겨내고 이제는 어엿한 경제대국이 되어 전 세계의 선진대열에 끼게 되었다.
1945년 8월 15일, 일본의 핍박에서 벗어나 우리의 정부를 세우고 60여 년, 오늘 우리가 누리고 있는 번영과 풍요는 거저 얻은 게 아니다. 국민 한 사람 한 사람의 희생과 피땀 어린 노력을 바탕으로 해서 일구어낸 소중한 성과다.
그러나 오늘이 있기까지 어려운 과정을 거치면서 어찌 그늘이 없었겠는가. 가슴에 한이 맺힌 이도 있었을 테고 억울한 피눈물을 흘린 이도 있었을 것이다. 극심한 갈등 · 알력도 있었다.
원한을 원한으로 갚으면 원한은 더욱 깊어질 뿐 원한은 풀리지 않는다. 이제 서로를 용서하고 너와 나라는 편 가르기를 지양하고 서로를 존중하는 너그러움으로 갈등과 알력을 해소해야 서로가 행복해질 것이다.
국민의 의식수준이나 교육수준이 결코 다른 나라에 뒤지지 않는다. 비싼 값을 치르고 민주화도 이룩했고 산업화의 어려운 과정을 거쳐 IT강국이 되기도 했다.
이제 8.15를 기해 우리 모두의 행복과 나라의 번영을 위해 마음을 하나로 모아 그로벌시대의 자랑스러운 대한국인이 되기로 하자.

에필로그

『찬불가를 사랑하는 사람들의 모임인 좋은 벗 풍경소리에서는 이번 3월 소식지를 시작으로 …… 소중한 작품을 내주시는 작사 · 작곡 · 편곡을 해주시는 작가의 노트를 소개합니다. …… 작가와 함께하는 찬불가의 숨결을 느끼시기를 …… 』
2004년 3월, 이렇게 시작된 《풍경소리 음악이야기》가 어느새 4년을 넘기고 54번째 글을 썼다. 5년째 접어든 것이다. 달마다 원고마감일이 다가오면 실무자의 채근 전화를 받고서야 부랴부랴 써 보낸 글이 제법 쌓인 것이다.
부질없는 넋두리도 있고 객스러운 잡담도 있고 나이든 사람의 푸념일 때도 있었을 것이다. 그것을 책으로 엮어내겠다고 하니 적잖은 자괴(自壞)로 많이 망설였다. 천박(賤薄)하고 독실(篤實)하지 못한 사이비 불자의 속내가 다 드러날 테니 어찌 망설이지 않았겠는가.
「그 동안에 작곡이 된 것도 몇 편 있고 쌓인 세월이 5년이나 되어 그냥 흘려버리기는 너무 아쉬우니 그냥 편하게 읽어보는 책」으로 엮어서 나누어 보는 게 좋겠다는 풍경소리 이종만 거사의 권유가 워낙 간곡해서 못이기는 채 물러서기로 했다.

돌이켜보니 70년대에 시작한 불교음악이 한참 기세 좋게 활개를 치는가 싶더니 요즘 많이 주춤해지는 것 같고 그나마 이른바 산사음악회로 명맥을 이어가는듯하나 본래의 궤도에서 다소 벗어난 느낌이 들어 안타깝기 이른데 없다.
그런 가운데 풍경소리는 시종 여일하게 끊이지 않고 살아서 숨 쉬는 곳이다. 이번에 26번째 창작 불교동요 CD를 만들어냈다. 그 끈기가 대견하지 않은가.
이제 제4세대 불교음악이 태동해야 할 때다. 불자 집안에 많은 전문 음악인들이 있다. 양악

한국음악을 전공한 젊은 성악가 · 연주가 · 작곡가가 얼마든지 있다. 그들에게 활동할 수 있는 마당을 만들어 주고 끌어내서 활용해야 한다. 라디오 · TV가 앞장서서 이들에게 멍석을 깔아주어야 한다. 그래야 불교의 전통음악인 범패에 버금가는 진정한 한국의 불교음악이 태어날 것이다.

하루가 다르게 노령화되어가는 불교에 젊고 싱싱한 디지털세대를 수혈해서 글로벌시대에 다시 한 번 한국불교가 꽃을 피울 수 있는 기틀을 마련해야 한다. 종단 · 신도 · 미디어 · 불교학자 · 문화인들이 모두 바뀌어야 한다. 이들이 연대해서 불교가 환골탈태(換骨奪胎)할 방책을 마련하고 21세기 불교문화의 꽃을 피어야 한다.
불교음악은 단순한 음악이 아니다. 고타마 붓다의 법문이자 피안에 가려는 불자들의 도반(道伴)이다. 지금처럼 행사를 위한 액세서리가 아닌 신행(信行)의 요긴한 방편이어야 한다.

보잘것없는 글을 책으로 만들어준 풍경소리의 뜻이 고맙고 송구할 따름이다. 다행히 불교음악을 아끼고 관심이 있는 불자들에게 조금이나마 보탬이 된다면 얼마나 고마운 일인가. 이 책의 편집과 장정을 해주신 김언경 님 고맙습니다.

불기 2552(2008)년 보훈의 달 6월 쇠귀골에서

道河 반영규 합장

반영규 선생님은 ...

한국 불교음악의 역사와 그 맥을 같이 하는 도하 반영규 선생님은 지난 1973년부터 15년간 불교문서 포교지 〈자비의 소리〉를 발간 어린이 찬불가 보급에 앞장서 왔으며, 합동음악법회인 '붓다의 메아리'를 창단, 찬불가 운동에 있어 선구자적인 역할로 이끌어오셨습니다.

2000년대 초 (사)불교음악협회 회장을 역임하셨으며, 악보출판, 한국음악사 연표 정리 등 찬불가 역사를 문헌으로 정리하는 일에 몰두하고 계신 선생님께서는 지금도 왕성한 작품 활동과 다양한 포교활동으로 많은 이들에게 귀감이 되고 계십니다.

이번에 출판하게 되는 '꽃비 내리고'는 지난 2004년 3월을 시작으로 〈좋은 벗 풍경소리〉 소식지에 연재해 오신 '풍경소리 음악이야기-반영규의 불음(佛音)노트'의 향기법문을 2008년 9월 (총 54편)로 마감하면서 멋진 나들이 걸음으로 예쁜 노래를 불러주셨습니다.
이에, 찬불가를 사랑하는 사람들의 모임인 〈좋은 벗 풍경소리〉에서는 지난 4년여 고귀한 원고를 집필하여 주신 반영규 선생님의 노고에 큰 박수를 드리며, 더욱이 올해로 80을 맞이하시는 선생님의 생신을 축하하면서 존경과 감사의 인사를 드립니다.

좋은 벗 풍경소리 합장.

꽃비 내리고

처음 찍은날 | 2008년 9월 16일

글쓴이 | 반영규

엮은이 | 좋은 벗 풍경소리
총재 : 지현스님
회장 : 성행스님

책 디자인 | 사각

펴낸이 | 박홍순

펴낸곳 | 도서출판 꾸벅

등록날짜 | 2001년 11월 20일

등록번호 | 제 8-349호

주소 | 서울 은평구 역촌동 64-51

전화 | 02 352 9152(대)

전송 | 02 352 2101

정가 12,000원